# QUAESTIONES SAPPHICAE.

## SCRIPSIT

### PHIL. MAG. IOANNES LUNAK.

———————

ACCEDIT COROLLARIUM CRITICUM ATQUE EXEGETICUM AD OVIDIANAM
SAPPHUS EPISTULAM.

KAZANIAE.

MDCCCLXXXVIII.

# PRAEFATIO.

*Scribenti commentationem consilio auspicioque litteris eruditissimi summaque auctoritate florentis viri haud pauca ex usu esse solent, imprimis vero id, quod iam inde ab opere incepto spe minime falsa nititur se neque oleum neque operam perditurum esse librumque et summi fautoris et eorum qui partes eius sequuntur faustis acclamationibus acceptum iri. At qui suo Marte aliquam quaestionem tractandam suscipit, multis incommodis obviam it, quorum numerus augetur, si opiniones quasdam iis, quae vulgo probantur, contrarias offerre atque sustentare non vereatur.*

*Quae cum me usu expertum minime fugerint, tamen Sapphus vitae aliquot capitum retractandorum opus meo periculo suscipere non gravatus opiniones, quibus fere omnium hominum litteratorum mentes hodie imbutae sunt, impugnare labefactare ad nihilum redigere institui. Quod enim plerisque obsistit, qui in magistrorum verba iurantes verecunde eorum sententias repetunt, inde equidem nulli addictus ludo ad rem ipsam plurimum utilitatis percipere potui. Veterum enim de poetria testimonia cum maximam partem a posterioribus scriptoribus, imprimis Suida, servata sint, hominibus doctis plerumque suspecta esse videntur. Quare factum est, ut hodie Sapphus vitae descriptio, omissis iis, de quibus addubitatur, artissimis finibus circumscripta evaserit. Quae via atque ratio*

*si continuabitur, ita ut Herodoti quoque fides atque auctori-*
*tas, (quod iam factum est), in dubium vocetur, quidam ex*
*posteris Graecarum litterarum historiae scriptoribus ita suam*
*de poetria narrationem incipiat necesse erit: „Transeo ad*
*Sapphonem, de cuius vita nihil quidquam constat".*

*Itaque cum haec arena in dies magis magisque contra-*
*hatur, in componendis concinnandisque Sapphus carminum*
*fragmentis indeque de poetria concludendo homines docti*
*certatim operam ponunt quam diligentissimam. Quae ingenii*
*acuminis exercitatio quamquam amoenissima est, cum qui e*
*fragmentis frustulisque totum tamquam refingere atque restau-*
*rare conatur, ipse quodammodo auctoris vice fungatur, tamen*
*nostram poetriae notitiam minime promovet, cum uni feliciter*
*atque acute excogitatae opinioni duae vel plures non minus*
*argutae opponi possint, nec habeas, quo nisus hanc vel illam*
*refellas aut recipias. Quae via quam lubrica sit, exemplis pla-*
*num facere supersedebimus.*

*Cum igitur et argutiolarum numerum augere et ad dubia*
*dubia aggregare noluerim, alia via mihi ingredienda fuit.*
*Quapropter in Sapphus vita retractanda ad illum fontem*
*regrediendum esse duxi, qui hodie plerumque immerito negle-*
*gitur. Constat enim in Ovidianarum Heroidum numero Sap-*
*phus quoque ad Phaonem epistulam exstare, cui plurimas res*
*ad vitam poetriae pertinentes amplexae nulla vel minima fides*
*fere ab omnibus recentioribus hominibus doctis habetur, cum*
*et epistulam spuriam et eum, a quo conglutinata est. sua*
*maximam partem ab antiquis Graecorum comicis poetis mu-*
*tuatum esse in vulgus credatur. Priorem opinionem falsam*
*esse hodie iam nonnulli sunt qui concedant; quaedam, in qui-*
*bus adhuc offendebatur, nos quoque in corollario huic disserta-*
*tioni adiuncto tollere studebimus. Cardo autem huius commen-*
*tationis in altera quaestione solvenda versatur. In quo opere*

officio nostro ita functi sumus, ut in priore eius parte compluribus Ovidianis locis cum Sapphus fragmentis collatis ostenderimus Romanum poetam n o n  e  c o m o e d i i s,  s e d  e x  i p s i s  p o e t r i a e  c a r m i n i b u s  plurima deprompsisse, adhibita praeterea antiqua quadam poetriae vita, ex qua pauca tantum delibavit. Ita factum est, ut multis, quae antea incerta esse putabantur, hac nova ansa confirmata stabilitaque fides addita sit. Cum vero demonstrantis sit non solum sua fulcire, sed etiam, quae contra faciant, infirmare labefactare refutare, nos quoque nonnullas de Sapphone tritas sententias reicere, aliis novas opponere studuimus: quae posteriore huius lucubrationis parte continentur.

Quod autem ad viam et rationem attinet, qua in disserendo utebamur, plerumque imprimis in posteriore parte Letronnii illius sententiam amplexi sequebamur, quam Panofka (v. Abhandlungen der Berlin. Akad. der Wissensch. a. 1849 p. 107) commemorans laudavit. „Je les invite, (inquit ille), à ne pas craindre .. de s'écarter de l'opinion commune et de proposer les conjectures, qui leur sembleraient probables .. Q u a n d  o n  a  l'a n a l o g i e  p o u r  s o i, il ne faut pas se laisser arrêter par la crainte de ne pas rencontrer juste. C'est un petit malheur dont on devra même s'applaudir, si .. on a pu suggérer des vues ou des recherches nouvelles".

De uno tantum me excusatum velim, quod ipse quoque haud raro molestissime ferebam; quod enim Ovidius Tomis exsulans de librorum inopia questus est, id mihi quoque in urbe libris minime abundante et a copiosis bibliothecis remotissima degenti lamentandum fuit: multos libros eosque dignos, qui accuratius evolverentur, ne inspicere quidem licuit; alios, quos iam pridem excusseram, in retractando perpoliendoque opusculo iterum adeundi potestate carebam. Quae cuncta impedimento fuerunt, quominus dissertationem undique perfectam

## VI

*et absolutam atque contra strenuorum iudicum censuras satis munitam emitterem. Attamen cum summam eius minime in priorum opinionibus colligendis, sed in iis, quae ipse enucleassem, iudiciis doctorum hominum proponendis esse voluerim, temporis angustiis coactus chartas intus positas nonum in annum premere nolui.*

Scribebam Kazaniae Kal. Decembribus a. MDCCCLXXXVIII.

# ARGUMENTUM.

## PARS PRIOR.

### De Ovidianae Sapphus epistulae fontibus (pp. 2—62).

## PARS POSTERIOR.

### Sapphus notitiae complendae corrigendaeque experimentum (pp. 65—94).

## COROLLARIUM

### criticum atque exegeticum ad Ovidianam Sapphus epistulam (pp. 97—114).

### INDEX LOCORUM,

# PARS PRIOR.

## DE OVIDIANAE SAPPHUS EPISTULAE

## FONTIBUS.

Ἕτερος ἐξ ἑτέρου σοφὸς τό τε πάλαι τό τε νῦν.
Bacchylid. fr. 14.

# PROLEGOMENA.

In melica Graecorum carmina quantum iniuria temporum grassata esset, nemo est qui non sexcenties deploraverit. Cum et in Alexandrinis et in Pergamenis bibliothecis praeclara Graecorum ingenii monumenta eius generis exstiterint, ad nos exceptis Pindari epiniciis perpaucissimisque ceterorum odis integris exilia carminum melicorum fragmenta depravata corrupta saepius sensu cassa forte fortuna pervenerunt, ex quibus Graecorum poesis melicae praestantiam non cognoscere, sed tantum divinare vel ubi plurimum ut ita dicam primis lineis designare licet.

Jam quaeritur quae potissimum causae fuerint, propter quas imprimis melica poesis tam manca atque decurtata posteritati tradita esset. Non dubitari potest quin prima gravissimaque causa posita sit in aeolicae atque doricae dialecti difficultatibus, quibus non solum latini, sed etiam graeci homines deterriti sunt, quominus illis carminibus ediscendis describendis propagandis operam navarent. Quod verum esse et innumerabiles glossae e melicis carminibus petitae testantur et antiquorum nonnulli ipsi libere fatentur, ut Didymus, qui in scholiis ad Aristophan. Thesmophor. v. 169: οὐ γάρ, inquit, ἐπεπόλαζε τὰ Ἀλκαίου διὰ τὴν διάλεκτον. Porro Dionysius quoque Halicarnassensis de vett. script. cens. s. v. Ἀλκαῖος haec censet: Ἀλκαίου δὲ σκόπει τὸ

1

μεγαλοφυὲς... μετὰ σαφηνείας, ὅσον αὐτῆς μὴ
τῇ διαλέχτῳ τι κεκάκωται. Apuleius quoque
(Apolog. p. 413 rec. Elmenhorst) de insolentia linguae mulieris Lesbiae queritur *). Quae nihilosecius
aetatem tulerunt, iis iam posterioribus temporibus alius isque
implacabilior hostis exstitit: homines enim fanatici inde originem morum corruptorum duci arbitrati **) caeco furore acti
illos melicae poesis flores tamquam tabem quandam in ignem
coniciebant, ut e loco a Fabricio (Biblioth. Graec. T. I p.
733) allato patet. „Dolendum est“, inquit ille, „sacerdotes
Graecos Byzantinos effecisse, ut Mimnermi S a p p h u s Bio-
nis aliorumque carmina amatoria, teste papa Leone X in
Alcyonii libro I de exilio p. 69, nefarie comburerentur“.

Quae cum ita essent, recentiores haud facili labore sus-
cepto omnes antiquorum litteras perscrutati disiectos lyricorum Graecorum pannos conquirebant colligebant consuebant.
Qui labor imprimis Bergkii illius opera fere ad finem perduc-
tus esse videtur, nisi Aegyptiorum tumuli vel lapides carminibus incisis decorati sagacitatem indagantium hucusque
fallunt.

At non solum carmina, sed etiam vitae melicorum poetarum ceteraque veterum de iis testimonia haud raro tam
foede posteriorum commentis aucta atque depravata sunt, ut
nonnunquam aegre vera a fictis discernere queas. Quod quamquam reliquis quoque Graecorum scriptoribus accidit, tamen
in his ipsius auctoris verbis adiuti saepissime propius vero
accedere possumus; quam viam in refingendis lyricorum vitis

---

*) V. Welcker. Kl. Schriften II p. 120 ann. 68.
**) Propter eandem causam iam antiquitus Valerio Maximo teste (V, 3)
Spartani Archilochi carmina finibus suis prohibuerunt. Contra Pindari epi-
nicia potissimum ethicae sententiae, quas poeta argumentis odarum intexuit,
ab interitu servaverunt.

raro tantum inire licet; audacius autem procedenti evenit, ut in locum veterum errorum sua ipsius haud minus ambigua commenta restituat.

Inter ceteras lyricorum fragmentorum sedes latinae quoque litterae haud pauca auxilia ad restaurandam huius generis Graecorum poesis genuinam formam suppeditare solent, cum latini scriptores variis occasionibus oblatis Graecorum carmina converterint vel imitando expresserint. Quem fontem gravissimi momenti esse Bergkii Poetae lyrici Graeci passim satis superque testantur, cui et in corrigendis et in coniungendis lyricorum verbis ad latinos homines refugienti non semel contigit, ut summa cum veri similitudine locos difficiles expediverit *).

Quo magis mirandum est homines litteratos hucusque fere intactam reliquisse Sapphus ad Phaonem epistulam inter Ovidii Heroides decimum quintum locum obtinentem, quae ex CCXXII versibus constans **) miram quandam versuum sententiarum singularum vocum farraginem habet, quae latinus poeta ex Sapphicis carminibus mutuatus aut integra aut prout ei videbatur decurtata atque mutila in usum suum convertit. Quam rem priores Sapphus fragmentorum enarratores fugisse non est cur miremur; quomodo vero Bergkii diligentiam, duobus tantum locis illius epistulae versus cum Sapphus genuinis verbis comparantis latere potuerit, vix intellegi potest. In ipsius quoque Heroidis commentariis a nullo poetriae carminum reliquiae ita ut par erat comparandi causa allatae sunt, ne a Vriesio quidem Batavo, qui eam epistulam commentario

---

*) Sane est concedendum hoc adminiculum in lyricorum Graecorum verbis restaurandis non semper adhiberi posse, cum latini homines interdum non verbum e verbo expresserint, sed leviter tantum Graecorum mentem attigerint, alias ipsi eiusmodi versus panxerint, alias Graeca verba parum intellexerint vel perverse interpretati sint. Quae cuncta consideranti in hac lubrica via cautio adhibenda est quam diligentissima.

**) Cf. infra pp. 101—105.

critico atque exegetico copiosissimo instructam ante hos tres annos separatim edidit \*). Si autem demonstratum erit—quoad id fieri potest—latinum poetam ex i p s i s S a p p h u s c a r - m i n i b u s hausisse, tum multa, quae imprimis de vita poetriae ab hominibus doctis illa epistula fretis tantum dubitanter prolata sunt, magis stabiliri poterunt.

Haec sunt quae me ad eam quaestionem accuratius tractandam permoverint. Itaque demonstrare conabor primum quae manifesta Sapphus carminum vestigia in illa epistula exstent, tum unde auctor eius alia sumpsisse videatur. Antequam vero ad id quod mihi propositum est accedam, pauca de epistulae auctore atque origine praemittere recentiorumque de ea sententias perlustrare non supervacaneum esse censeo.

Sapphus ad Phaonem epistulam quisnam scripsisset inter homines doctos iam in varias partes disputabatur. Ovidius Amor. II, 18 Heroides suas recensens Sapphus epistulae a se scriptae ipse his verbis mentionem facit (v. 26):

Scribimus .. quod ..

Dicat et Aeoliae Lesbis amica lyrae.

Cum vero ea Sapphus epistula quam nos habemus in vetustioribus Heroidum libris manuscriptis non exstet, in recentioribus autem aut ceteris Heroidibus annexa sit aut separatim circumferatur, suspicio orta est eam a posteriorum temporum versificatore quodam genuinis Ovidianis carminibus ad imitandum propositis compilatisque confectam et ceteris epistulis assutam esse. Ex titulis autem eius epistulae in libris manuscriptis exstantibus colligi potest eam Ovidio' auctori plerumque assignatam esse; in multis codicibus titulo caret; alias vero, ut in codice Parisino 7989 Vriesio teste (l. l. p. 9)

---

\*) «Epistula Sapphus ad Phaonem. Scripsit S. G. de Vries. Lugduni Batavorum, MDCCCLXXXV».

hoc modo inscripta est: „Sapphos Lesbia vates ad Phaonem.
Ex Graecis in latinas litteras versa per
Nasonem Sulmonensem, ut ferunt nonnulli, epistola
aurea". Itaque non mirandum est Domitium quoque Calderi-
num haesitasse, utrum eam epistulam ipsi poetriae, an Ovidio
ascriberet *).

Hominum litteratorum longa series inde ab Egnatio, ut
Heinsius, Ciofanus, Burmannus, Naugerius, Micyllus, quorum
annotationes ad hanc Heroidem integras Jo. Chr. Wolfius
collegit **), epistulam Ovidianam esse persuasum habebant.
Primus, qui eam in suspicionem vocavit, Welckero teste (l. l.
p. 118) Fr. Xav. Werferus fuit, cuius lectiones in Ovidii
Heroides in Actorum philol. Monac. T. I impressae J. V·
Franckium commoverunt, ut in Addendis ad librum, qui
inscribitur „Callinus, sive de carm. eleg. origine" Ovidium
eius auctorem esse negaret. Quae sententia valde arrisit recentioribus imprimis Germaniae philologis, ut Schneidewino,
Loersio, Mählyo, Diltheyo, Luciano Müllero, Merkelio, Bern-
hardyo, Schoenio, Riesio, Wolfr. Zingerlio, aliis; imprimis
vero Lachmanni illius κριτικωτάτου auctoritas plurimos
retinuit, quominus eam opinionem respuerent. Welcker ipse
eam epistulam genuinam esse putabat, cum Werferi sententiam
incertam atque nimis artificiosam esse diceret (ibid. p. 119);
locos autem, in quibus homines docti offendebant, coniciendo
atque corrigendo emendare studebat. Neue quoque in Sappho-
nis Mytilenaeae fragmentis singulari libro a. 1827 Berolini
editis et Mure Anglosaxus illa epistula uti non dubitabant.
Ex recentissimis autem Comparetti, nobilis Italiae classicorum

---

*) Cf. Welcker. Sappho von einem herrschenden Vorurtheil befreyt.
Göttingen, 1816, p. 129.
**) V. eius «Sapphus, poetriae Lesbiae, fragmenta et elogia». Londini,
MDCCXXXIII, pp. 181—218.

studiorum propagator, a. 1876 illam Heroidem Ovidio resti-
tuere conatus est in disquisitione quae inscribitur: „Sulla
epistola Ovidiana di Saffo a Faone“, vide Publicazioni del
Instituto di Studi Superiori in Firenze, II, 1, a. Cui astipu-
latus est Bährens, qui in litteris ad Comparettium datis“ *)
complures eius epistulae locos explicabat atque emendabat.
In quam quaestionem denique Vries quoque quam sollertissime
inquisivit, qui l. l. plurimis locis ex Ovidianis carminibus
conquisitis, quibus Ovidianum dicendi genus fere singulis
versibus deprehendi procul dubio demonstratum est, Nasoni
illud 'breve opus' vindicavit. Quibus commotus Sedlmayer Vindo-
bonensis, qui a. 1886 Heroides apparatu critico instructas edidit,
Sapphus epistulam iam suo loco (XV) exprimendam curavit **);
quem locum antiquissimis quoque temporibus eam obtinuisse
Excerpta Parisina in lucem protracta testantur ***). Itaque
hodie iam fere nulli nisi toti plumbei de Ovidio eius epistulae auctore dubitant, ut Ehwald Gothanus in censura eorum
quae recentissime de Ovidio scripta sunt ****). Haec hactenus.

Quibus absolutis iam originem huius epistulae investi-
gemus. Seneca patre teste *****) Ovidius iuvenis apud Arel-
lium Fuscum rhetoricis studiis operam navabat; qui ab alio
quoque rhetore, Latronem dico, nonnullas sententias mutuatus in usum suum convertit, ut Metam. XIII, 121 sq., Amor.
I, 2, 11 sq. Ex duobus autem dicendi generibus, quae tum
in rhetorum scholis florebant, quorum alterum suasorias, alterum controversias amplectebatur, Ovidius eodem rhetore

---

*) V. Rivista di Filologia, a. 1884, pp. 1—21.—Italorum opusculis uti
mihi non contigisse valde doleo.

**) Cf. eius Praefat. p. XII.

***) V. Vries l. l. p. 2 sq.

****) V. Bursian's Jahresbericht T. XLIII pp. 125—282 coll. Ovidii ·T. I
apud Teubnerum nuper edito.

*****) Cf. Controvers. l. II c. 8 sqq. (ed. Kiessling), coll. Teuffel. Ge-
schichte der röm. Literatur (ed. 3) p. 523.

teste (ibid. c. 12) suasorias praeferebat, utpote cui omnis argumentatio molesta esset. Ad suasorias vero Quintilianus p r o s o p o p o e a s quoque refert, cuius verba integra exscribam *). „Ideoque“, inquit, „longe mihi difficillimae videntur prosopopoeae, in quibus ad reliquum suasoriae laborem accedit etiam p e r s o n a e d i f f i c u l t a s. Namque idem illud aliter Caesar aliter Cicero aliter Cato suadere debebit. Utilissima vero haec exercitatio, vel quod duplicis est operis, vel q u o d p o e t i s q u o q u e aut historiarum futuris scriptoribus p l u r i m u m c o n f e r t“. Itaque declamatori, priusquam ad componendam eiusmodi orationem accederet, $\check\eta\vartheta o \varsigma$ h. e. m o r e s eius quem loquentem faciebat, penitus cognoscendi erant, ut ad eos totam orationem accommodaret. Quod rhetoricarum exercitationum genus Ovidius cum Sabino poeta ad eroticam poesin sese transtulisse ipse testatur **): noster scribebat epistulas, Sabinus autem responsa (cf. Amor. II, 18 vv. 21—34). Itaque ut ad Sapphus epistulam redeamus, Ovidio, cum sibi proposuisset epistulam amatoriam poetriae ad Phaonem amasium componere, si recte munere suo fungi voluit, ad S a p p h u s c a r m i n a p e n i t u s e d i s c e n d a confugiendum erat ***); quae amicissimo sibi C. Julio Hygino

---

*) Instit. orat. l. III c. 8 § 49. — Prosopopoeam autem Apsines rhetor ita definit (Spengel. Rhett. gr. I p. 386): ἔστι μὲν οὖν προσωποποιία παραγόμενον πρόσωπον τὸ οὐκ εἰς τὸ δικαστήριον π α ρ ό ν, ἀ π οδ η μ ῶ ν κτλ. Cf. Volkmann. Die Rhetorik der Griechen u. Römer (ed. 2) p. 280.

**) V. Art. am. l. III v. 346 coll. Teuffel. l. l. p. 527 ann. 3.

***) Simili modo posteriores Byzantini versificatores eroticorum carminum materiam ex antiquioribus poetis mutuabantur; cf. in Bergkii Appendice Anacreont. p. 351: Κωνσταντίνου ᾠδάριον ἐρωτικὸν λαβόντος τὴν ὑπόθεσιν ἐκ μελῳδίας τινός. Totum autem eius poesis genus cf. cum Ioannis Gazaei cantiuncula quae inscribitur: Τ ί ν α ς ε ἴ π ο ι λ ό γ ο υ ς ἡ Ἀφροδίτη ζητοῦσα τὸν Ἄδωνιν, ibid. p. 347.

Palatinae bibliothecae praefecto *) intercedente sibi comparare potuit. Poetam vero minime obiter Sapphus carmina
perlustrasse, quod ex Teuffelii verbis l. l. de omnibus epistulis in universum prolatis concludere possis **), docebunt ea,
quae infra afferemus.

Sane fieri potest ut ea quae supra de epistulae auctore
collecta summatim exposuimus, nonnemo ad quaestionem a
nobis institutam minus pertinere arbitretur. Quod tamen falsum esse statim monstrabimus. Nam quo quis minus de Ovidio epistulae auctore dubitabat, eo saepius atque libentius
ex ea singula depromebat, quae imprimis ad Sapphus vitam
describendam pertinerent. Ita Schoene in illis de poetriae
vita lucubrationibus de industria se ea uti noluisse ait, cum
sine ulla dubitatione non esset Ovidiana ***). Longe aliter
facit Welcker, qui l. l. p. 117 ann. 66 subscribens Domitii
Calderini atque Egnatii sententiam, qui eam epistulam omnium
optimam esse censuerunt, haec addit: „Es ist nicht unwahr-
scheinlich, dass ausser einigen Lebensumstän-
den auch ein paar andere Erinnerungen aus
den Sapphischen Liedern darin vorkom-
men" ****). Idem p. 138 ann. 73 Ovidium Sapphus carmina

---

*) Vide Sueton. de grammat. c. 20.
**) «Ovid hat sich das Versetzen in bestimmte Zeiten und Lagen
ziemlich leicht gemacht».—Ceterum Teuffel Sapphus epistulam spuriam
esse censuit.
***) V. Symbola philologorum Bonnensium in honorem Fr. Ritschelii,
p. 760: «Mit Absicht habe ich eine der jüngeren Quellen für die Lebens-
geschichte der Sappho... bei Seite gelassen, die vielberufene 15-e Heroide
des Ovidius... sie ist mit Sicherheit dem Ovidius abgesprochen worden».
****) Ceterum similem sententiam iam Heinsius a. 1775 ita expressit:
«Es sind einige Stellen darin, denen man ohngeachtet der Verunstal-
tung, die sie erlitten, noch ansehen kann, dass sie aus den Gedichten
genommen sind, die Sappho an den Mann schrieb, aus
Liebe für welchen sie starb». (V. Welcker. Kl. Schriften II p. 143).

ad verbum edidicisse haud improbabiliter conicit. Ceterum praeter poetriae carmina Ovidium comoedias quoque Graecorum inspexisse atque inde quaedam deprompsisse l. l. pp. 107, 109, 124 sumit, ad quam opinionem infra revertemur.

Welckeri vestigiis quidam eorum institerunt, qui post eum eandem quaestionem tractabant, quamquam nemo in eam rem, quam ille solum ut ita dicam adumbravit, accuratius inquisivit. Quorum Neue primo loco nominandus est, qui l. l. saepius in Sapphus vita delineanda illam Heroidem laudavit, quamquam iam prima pagina ὑποθετικῶς addit: „Si fides debetur Ovidio". Mure quoque, qui in libro qui inscribitur: „History of Grecian literature", vol. III p. 272 sqq. et in Museo Rhenano (N. S. XII, a. 1857) poetriam nimis severa censura perstrinxit, invectivas suas argumentis ab Ovidio petitis sustentabat *).

Attamen ii quoque, qui epistulam spuriam esse persuasum habent, auctorem eius nonnulla ex ipsis Sapphus carminibus mutuatum esse concedunt, ut Kock, qui etiamsi in libro suo **) eam sordidam et plebeiam appellat, tamen ibid. hoc modo ratiocinatur: „Was sollte den Verfasser gehindert haben... eine M e n g e v o n Z ü g e n zu benutzen, die ihrerseits w i r k l i c h d e n G e d i c h t e n d e r S a p p h o ent-lehnt waren? Denn dass solche in der Epistel, von wem immer sie herrühren mag, enthalten sind, ist nicht zu be-

---

Ipsam vero Heroidem idem f a m o s u m c a r m e n (Pasquill) appellavit (v. ibidem), quod a lascivissimo Romanorum poetarum Ovidio prima iuventute cum poetriae infamia editum esset.

*) Appono eius verba (Mus. Rhen. l. l. 589): «Ovid... i n f u l l p o s-s e s s i o n o f h e r w o r k s, a n d o f a l l s u b s i d i a r y a i d s t o t h e i r i n t e r p r e t a t i o n... was singularly qualified to judge...» Et porro p. 592: «There can be no doubt that O v i d s l e t t e r t o P h a o n m e n t i o n s e v e r y m o r e p r o m i n e n t f a c t o f h e r l i f e t r a n s m i t t e d o n h e r o w n a u t h o r i t y».

**) «Alkäos u. Sappho» (Berlin, 1862) p. 68 sq.

zweifeln". Idem Bẹrnhardy quoque concedit, quamquam ipsam Heroidem nihili facit; en eius verba *): „Die funfzehnte Heroide bei Ovid... b i e t e t  a u c h  a l t e  N o t i z e n  und Welcker hat ihr immer Vertrauen geschenkt; das Gedicht ist aber z u  s p ä t  u n d  m i t t e l m ä s s i g  um in Betracht zu kommen".

Haec erant, quae nobis praemittenda esse viderentur; e quibus facile intellegi potest laborem a nobis pro virili parte susceptum haud supervacaneum fore, cum in tanta opinionum varietate et veterum de poetria testimoniorum inopia et fluctuatione quaedam a nobis reperta esse persuasum habeamus, quae in quaestione tot nominibus difficili atque contorta àliquid lucis afferre videantur.

---

*) In libro «Grundriss der griech. Literatur (ed. 3) II, 1, p. 675.

# Caput I.

## De Sapphus carminibus Ovidianae Sapphus epistulae fonte primario.

Nemo est quem fugiat Ovidium per multa saecula ingeniosissimum Romanorum poetarum habitum esse\*). Quae opinio recentioribus temporibus, cum in fontes atque auxilia, quibus Naso utebatur, homines docti accuratius inquirere coepissent, magis magisque immutabatur, ita ut hodie haud quisquam reperiatur, qui eam sustentare audeat, et quidem iure: ubi enim est illud i n g e n i u m, quod summis laudibus efferri solebat, si in Ovidianis innumerabilia vestigia et Graecorum et Romanorum carminum ubique exstant? Transformationes, Fasti, Heroides, alia scatent eiusmodi exemplis, quorum numerus certe longe maior evaderet, si Graecorum Romanorumque scriptis fata pepercissent. Unde sequitur illam poetae ingenii laudem in maius auctam esse Ovidiumque potius in doctorum poetarum numerum redigendum esse, qui sollertissime fabulas argumentaque undique colligeret \*\*) et quae collegisset apte venusteque in versus redigeret; qua facultate ceteros Romanorum poetas ab eo longe superatos esse non

---

\*) Cf. iam Senecae (Quaest. nat. III, 27, 13) iudicium, qui Ovidium ingeniosissimum poetarum appellavit.

\*\*) Cf. Ehwaldii sententiam l. l. p. 174: «Wir haben es v i e l f a c h, wo wir O v i d i s c h e s E i g e n t h u m zu besitzen glauben, nur mit u m g eprägter M ü n z e zu thun».

est cur infitieris \*). Ceterum Ovidius ipse de suo ingenio
non aliter iudicabat, quod eius modesta verba Trist. III, 14,
33 sq. testantur:

Ingenium fregere meum mala, cuius et a n t e

F o n s  i n f e c u n d u s  p a r v a q u e  v e n a  f u i t.

Itaque Tomis exsulans gravissime ferebat se destitutum esse
b i b l i o t h e c i s, ut ibid. v. 37 sq. legimus:

Non hic l i b r o r u m, p e r  q u o s  i n v i t e r  a l a r-
q u e,

Copia.

Et sane ea carmina, quae Ovidius in exsilio scripsit, fere
omnium consensu plerumque taedium excitant nec digna sunt
quae 'noctura diurnaque manu versentur', quod minime accidisset, si poeta a natura largiore ingenio praeditus esset.

Proximis annis homines litterati praecipue Ovidianarum
Heroidum fontes scrutabantur, qui labor minime successu
caruit. Ita in Phaedram (IV) et Laodamiam (XIII) Maximi-
lianus Mayer accuratius inquisivit \*\*), Medeae autem (XII)
et Hypermnestrae (XIV) fontes Birt sollerter examinavit\*\*\*).
Romanos quoque poetas haud pauca Ovidio suppeditasse ad
Heroides exornandas, ut Catullum ad Ariadnen (X), Vergilium ad Didonem (VII), docuit Zingerle \*\*\*\*).

---

\*) Rohde de hac Ovidii facultate ita iudicavit: «Die Stärke seines
Talents liegt in der unvergleichlichen Leichtigkeit eines breiten und geistrei-
chen Pinsels, in der Beweglichkeit und unversieglich strömenden Fülle sich-
rer und sinnlich reicher Gestaltungskraft». Cf. Der griech. Roman. p. 126.

\*\*) Vide eius «De Euripidis mythopoeia capita duo» (Berolini, a. 1883)
p. 65 sqq. et Hermes XX (1885) p. 101 sqq.—Prioris libri notitiam Ehwaldio
debeo.

\*\*\*) V. Rhein. Mus. XXXII, pp. 401 sqq., 408 sqq.—In Medea Birtii
sollertiam v. 162 fugit: «(Coniuge), q u i  n o b i s  o m n i a  s o l u s  e r a t». Qui
pentameter imitando expressus est ex Eurip. Med. v. 228: ἐν ᾧ γὰρ ἦν
μοι πάντα.

\*\*\*\*) In libro «Ovid und sein Verhältniss» etc. I, p. 50; II, p. 54.

Itaque cum ceterarum Heroidum complures accuratissime cum iis carminibus, unde eas ductas esse verisimile videbatur, comparatae essent, in Sapphus epistulam ante Birtium nemo diligentius inquisivit; quae in commentariis, ut in Wolfianis notis variorum, apud Welckerum, Bergkium, Vriesium collata inveniuntur, paucissima sunt et solum tamquam in praetereundo annotata. Cuius primaria causa haec mihi esse videtur: recentiores cum eam Heroidem a genuinorum Ovidii carminum imitatore quodam conglutinatam esse putarent, ne dignam quidem arbitrabantur, cui operam atque oleum impenderent.

Birtii, qui primus, ut iam diximus, accuratius eam quaestionem tractavit, opinio eo inclinat, ut auctorem huius epistulae Callimachi exemplum secutum esse statuat, quem in Aetiis de Sapphus quoque erga Phaonem amore narrasse persuasum habet; quam sententiam in „Appendice" sub finem „Animadversionum" adiecta comparatis compluribus epistulae locis cum Callimacheis fragmentis demonstrare conatur. Quae opinio quam infirmis adminiculis nitatur primum ex eo sequitur, quod non solum de tali Callimacheo carmine in eius Aetia inserto nihil memoriae proditum est, sed ne de ipsorum quidem Aetiorum argumento in universum quidquam certi compertum habemus. Fragmentorum autem, quae vir doctus ad fulciendam sententiam attulit, plurima pars ex incertis desumpta est; at ea quoque, quorum Callimachea origo procul dubio est, ita comparata sunt, ut sana mente et sine studio ea perpendens similitudinem aut nullam aut valde dubiam statuas *). Attamen ne mea nimis amare videar,

---

*) Ceterum ipse auctor quamquam l. l. p. 400 in ann. sese «ex arena funem facere» negat, tamen in Appendice (p. 430 sqq.) epistulae versus cum Callimacheis plerumque dubitanter componit neque rem a se profligatam esse contendit.

infra aliquot exempla a Birtio comparandi causa protracta afferam, quo magis perspici possit Romani poetae verba propius ad Sapphica quam ad Alexandrina fragmenta accedere *).

Sane mirandum est cuiquam in mentem venisse, ut in Callimacheis, · non autem in Sapphicis primarium epistulae fontem quaereret: si enim Ovidius S a p p h u s  p e r s o n a m  i n d u c e r e  a t q u e  e i u s  ἦ ϑ ο ς  a c c u r a t i s s i m e  d e s c r i b e r e  volebat, nihil perversius fecisset, quam si ad Alexandrinorum poetarum quendam confugisset, praesertim cum et ipsius Sapphus carmina tum praesto essent et ab ipso poeta quam diligentissime ediscerentur, quod luce clarius Rem. Amor. v. 761 ipse testatur, cum dicit:

„M e  c e r t o  S a p p h o  m e l i o r e m  f e c i t  a m i c a e".

Itaque his praemissis iam ad id quod promisimus accedamus.

Ovidiana Sapphus epistula cum opere musivo commode comparari potest, in quo gemmarum vice eae sententiae funguntur, quas poeta Romanus ex Sapphus carminibus in suam Heroidem transtulit; quarum amplexus et forma variat. Primum enim toti versus inveniuntur, non quidem ad verbum e Graeca lingua in latinam conversi, sed tam similes sententias exprimentes, ut in iis haud dubias poetriaé verborum imagines reperiamus **).

---

*) Ehwald quoque l. l. p. 222 de A l e x a n d r i n o huius epistulae fonte loquitur.

**) Eadem convertendi vel potius imitando exprimendi ratio alias quoque apud Ovidium deprehenditur, cuius saltem duo exempla hic afferam. Eurip. Med. v. 395 sqq.:

μὰ τὴν δέσποιναν, ἣν ἐγὼ σέβω
μάλιστα πάντων καὶ ξυνεργὸν εἱλόμην,
Ἑκάτην

## I.

Epist. vv. 9 in., 13—14 Sapph. frag. 90 respondent; utroque enim loco ostenditur puellam amore impediri, quominus solito opere fungatur:

Uror..

Nec mihi, dispositis quae iungam carmina nervis, Proveniunt.

*Γλύκεια μᾶτερ, οὔτοι δύναμαι κρέκην τὸν ἴστον,*

*πόθῳ δάμεισα παῖδος βραδίναν δι᾽ Ἀφρόδιταν\*).*

Apud Ovidium enim Sapphus solitum opus sunt carmina pangenda, illius autem puellae, quam poetria in graeco fragmento amorem matri confitentem facit, tela texenda: utrumque puellis amore perculsis minus prospere procedere contenditur.

## II.

Eiusdem epistulae v. 18 idem expressum est, quod in Sapph. frag. 33 de praeterito poetriae in Atthidem amore legimus:

Non oculis grata est Atthis, ut ante, meis.

*Ἠράμαν μὲν ἔγω σέθεν, Ἄτθι, πάλαι πότα.*

---

apud Ovidium Metam. VII, 194 sq. haec vestigia exstant:
Tuque triceps Hecate, quae coeptis conscia nostris
Adiutrixque venis.
Porro ibid. v. 20 sq.:
Video meliora proboque;
Deteriora sequor,
cf. cum eiusdem Medeae v. 1077 sq.:
*καὶ μανθάνω μὲν οἷα δρᾶν μέλλω κακά·*
*θυμὸς δὲ κρείσσων τῶν ἐμῶν βουλευμάτων.*
\*) Quae imprimis sibi respondere statuimus, ea diductis litteris describenda curavimus.

2

Utroque loco et sententia et verba sunt fere eadem; Sappho
enim expressit, q u o d f u i t, Ovidius vero, q u o d n o n e s t;
quem exprimendi modum Romanum poetam in deliciis habuisse infra ostendemus.

### III.

Ibid. v. 21 sq. Phaonis pulchra facies laudatur; poetria
quoque frag. 29 a m i c u m quendam pulchris oculis vel, si
synecdochen statuis, p u l c h r a f a c i e i n s i g n e m alloquitur. Iam Bergk ad h. l. et ad frag. 140 Sapphus verba ex
carmine quodam ad Phaonis amorem spectante, quorum haud
exiguum numerum fuisse ex frag. 140 concludi potest *),
dubitanter coniecit; quae coniectura collatis locis fit verisimilis.

Est in te f a c i e s . .

O f a c i e s oculis insidiosa meis!

Στᾶθι χἄντα φίλος . .

καὶ τ ὰ ν ἐ π' ὄ σ σ ο ι ς ἀμπέτασον χ ά ρ ι ν.

### IV.

V. 27 sq. Ovidius fere idem indicavit, quod Sappho ipsa
haud semel de sua poetica gloria praedicaverat, ut frag. 10:

At m i h i P e g a s i d e s blandissima c a r m i n a d i c-
t a n t:

Iam c a n i t u r t o t o n o m e n i n o r b e m e u m.

Αἴ μ ε τ ι μ ί α ν ἐ π ό η σ α ν ἔ ρ γ α

τ ὰ σ φ ὰ δ ο ῖ σ α ι **).

---

*) De Phaone, quem recentiorum plurimi nullum fuisse statuunt, infra
plura disputabimus; complura Sapphus in eum carmina fuisse testatur
Palaephatus, v. infra p. 54***) extr.

**) Birt l. l. p. 431 in latinis Callimachei frag. 242 vestigia indagavit:

Γράμματα δ' εἴλισσον ἀπόκρυφα.

Attamen quid similitudinis inter haec et Ovidiana verba intercedat,
ne Lynceus quidem videbit.

Pronomen relativum αἱ ad Musas referri intellegitur ex Aristid. II, 508, quem Bergk ad h. l. citat: ὡς αὐτὴν (sc. τὴν Σαπφώ) αἱ Μοῦσαι (h. l. Pegasides) τῷ ὄντι ὀλβίαν καὶ ζηλωτὴν ἐποίησαν. Notio autem τιμίαν a Romano poeta expressa est per totum pentametrum; verba denique ἔργα τὰ σφὰ δοῖσαι a poetria in universum prolata ab Ovidio cum magis propriis commutata esse vix est quod moneam *). Simili modo frag. 68 poetria diviti cuidam, sed ἀμούσῳ feminae his verbis sese opponit:

$$.. οὐ \ γὰρ \ πεδέχεις \ βρόδων$$
$$τῶν \ ἐκ \ Πιερίας ..$$

## V.

Cum brevi oratione in unum distichon contracta, qua Sappho apud Ovidium Venerem compellans inducitur (v. 57 sq.), conferre potes primam Sapphus odam (frag. 1); imprimis novissima utriusque loci verba congruunt:

Vati c o n s u l e, diva, tuae.

$$σὺ \ δ' \ αὖτα$$
$$σ ύ μ μ α χ ο ς \ ἔσσο.$$

## VI.

Sententia feminam aetate iam provectiore iuveni ad matrimonium minus aptam esse et v. 85 sq. et frag. 75 exstat:

Quid mirum, s i m e p r i m a e l a n u g i n i s a e t a s
A b s t u l i t atque anni, quos vir amare potest?

$$Οὐ \ γὰρ \ τλάσομ' \ ἔγω \ ξυνοίκην$$
$$νέῳ \ γ' \ ἔσσα \ γεραιτέρα.$$

Quod cum utroque loco concedatur, apud Ovidium Sappho nihilominus a Phaone suo petit, ut ipsam amet, cum illud

---

*) Cum hoc n. cf. infra p. 45.

2*

aetatis damnum aliis iisque haud spernendis bonis quodammodo compensari ostendat, cf. v. 27 sqq.

## VII.

V. 135 manifestum vestigium prioris versus frag. 95 deprehendimus; Ovidius tantum auroram cum Sole commutavit:

At cum se Titan ostendit et omnia secum. .

Ϝέσπερε, πάντα φέρων, ὅσα φαινόλις ἐσκέδασ᾽
αὖως *).

## VIII.

V. 105 Sappho queritur se Phaoni in Siciliam proficiscenti ne unicum quidem mandatum dare potuisse, scilicet ne se oblivioni traderet. Novissima verba frag. 21 recurrunt:

Neque enim mandata dedissem

Ulla, nisi ut nolles immemor esse mei.

Ἔμεθεν δ᾽ ἔχεισθα
λᾶθος **).

## IX.

Iam quod sequitur decurtatum frag. 22:

τίν᾽ ἄλλον ***)

ἀνθρώπων ἔμεθεν φίλησθα...

conferri potest cum epist. v. 51:

Nunc tibi Sicelides veniunt nova praeda
puellae.

---

*) Cf. infra p. 46.

**) Ex Bergkii coniectura; cod. λάθαν.

***) Ἤ particulam, a qua hoc frag. apud Bergkium orditur, delevi; est enim Apollonii, non poetriae.

Itaque ea, de quibus poetria generatim atque universe locuta est ($\tau \acute{\iota} \nu$' $\breve{\alpha} \lambda \lambda o \nu$), ab Ovidio propius designata sunt.

Utrumque vero frag. (21 et 22), quamquam anonymum, Bergk Sapphoni vindicavit, nos autem ex poetriae in Phaonem carmine depromptum esse opinamur.

## X.

Duobus epistulae locis Sappho de Phaonis rigido immobilique animo queritur; legimus enim v. 189:

O s c o p u l i s undaque f e r o c i o r illa!

Porro v. 207 sq.:

E c q u i d ago precibus, p e c t u s q u e a g r e s t e m o - v e t u r,

An r i g e t?

Eadem sententia in illis corruptissimis ab Herodiano $\pi \epsilon \varrho \grave{\iota} \ \mu o \nu$. $\lambda \acute{\epsilon} \xi$. 26, 21 (v. Sapphus frag. 110) servatis verbis expressa esse mihi videtur; quae ita scripta reperimus:

$$\tau \iota$$
$$\breve{\alpha} \lambda \lambda \alpha \nu \ \mu \grave{\eta} \ \varkappa \alpha \mu \epsilon \sigma \tau \acute{\epsilon} \varrho \alpha \nu \ \varphi \varrho \acute{\epsilon} \nu \alpha.$$

Coniecturae, quibus Ahrens, Hartung, Bergk locum sanabant, et nimis a tradita scriptura recedunt neque aptam sententiam exprimunt. Quamobrem equidem aliam emendandi rationem proponam, quamquam, quod metrum in hoc frustulo restituendum sit, in dubio relinquo. En meam lectionem:

$$\breve{\alpha} \lambda \lambda \alpha \ \mu \grave{\eta} \nu \ \varkappa \acute{\alpha} \mu \pi \tau \epsilon \ \sigma \tau \epsilon \varrho \acute{\epsilon} \alpha \nu \ \varphi \varrho \acute{\epsilon} \nu \alpha.$$

Locutiones vero $\sigma \tau \epsilon \varrho \acute{\epsilon} \alpha \ \varphi \varrho \grave{\eta} \nu$ et $\varkappa \acute{\alpha} \mu \pi \tau \epsilon \iota \nu \ \varphi \varrho \acute{\epsilon} \nu \alpha$ graecae linguae consuetudini minime repugnare videbis, si comparaveris Od. XXIII, 103 ($\varkappa \varrho \alpha \delta \acute{\iota} \eta \ \sigma \tau \epsilon \varrho \epsilon \omega \tau \acute{\epsilon} \varrho \eta \ \lambda \acute{\iota} \vartheta o \iota o$) et Thuc. III, 58 in.: $\dot{\alpha} \xi \iota o \tilde{\upsilon} \mu \epsilon \nu \ \varkappa \alpha \iota \varphi \vartheta \tilde{\eta} \nu \alpha \iota \ \dot{\upsilon} \mu \tilde{\alpha} \varsigma \ \varkappa \alpha \grave{\iota} \ \mu \epsilon - \tau \alpha \gamma \nu \tilde{\omega} \nu \alpha \iota.$

Quae si recte disputavimus, hoc ipsum fragmentum epistula adiutrice non solum corrigere, sed etiam ex Sapphus ad Phaonem carmine ductum esse statuere poteris.

## XI.

Initio frag. 2 vir quidam cum diis comparatur:

$$\Phi\alpha\acute{i}v\epsilon\tau\alpha\acute{i} \ \mu\omicron\iota \ \varkappa\tilde{\eta}v\omicron\varsigma \ \ddot{\iota}\ \sigma \ \omicron \ \varsigma \ \vartheta \ \acute{\epsilon}\ o\ \iota\ \sigma\iota\ v$$
$$\ddot{\epsilon}\ \mu\ \mu\ \epsilon\ v\ \tilde{\omega}v\eta\varrho.$$

Item in illo epithalamio (frag. 91 v. 3) sponsus cum Marte componitur:

$$\Gamma\acute{\alpha}\mu\beta\varrho\omicron\varsigma \ \ddot{\epsilon}\varrho\chi\epsilon\tau\alpha\iota \ \ddot{\iota}\ \sigma\ \omicron\ \varsigma \ \ddot{}A\ \varrho\ \epsilon\ v\ \ddot{\iota}\ {}^*).$$

Quibus similes Phaonis cum diis comparationes apud Ovidium hae sunt (v. 22 sq.):

Sume fidem et pharetram, fies manifestus Apollo:

Accedant capiti cornua, Bacchus eris.

Porro v. 188:

Et forma et meritis tu mihi Phoebus eris**).

Hic quoque iterum recurrit, quod iam supra observavimus; cum enim Sappho in priore fragmento in universum dixerit: $\ddot{\iota}\sigma\omicron\varsigma \ \vartheta\ \acute{\epsilon}\ o\ \iota\ \sigma\iota\ v$, Ovidius universalem notionem Apolline, Baccho, Phoebo nominatis accuratius expressit.

## XII.

Pudenter fere eisdem verbis apud utrumque coitus mentionem fieri videbimus collato v. 133 cum frag. 28:

Ulteriora pudet narrare.

$$(\alpha\acute{\iota}) \ \mu\acute{\eta} \ \tau\iota \ F\epsilon\acute{\iota}\pi\eta v \ \gamma\lambda\tilde{\omega}\sigma\sigma' \ \acute{\epsilon}\varkappa\acute{v}\varkappa\alpha \ \varkappa\acute{\alpha}\varkappa\omicron v,$$
$$\alpha\ddot{\iota}\ \delta\ \omega\ \varsigma \ \varkappa\ \acute{\epsilon} \ \sigma' \ o\vartheta \ \varkappa\ \acute{\iota}\ \chi\ \alpha\ v\ \epsilon\ v \ \ddot{o}\ \pi\ \pi\ \alpha\ \tau',$$
$$\dot{\alpha}\lambda\lambda' \ \ddot{\epsilon}\ \lambda\ \epsilon\ \gamma\ \epsilon\ \varsigma..$$

---

*) V. iam apud Homerum (Od. VIII, 115):
   $$\beta\varrho\omicron\tau\omicron\lambda\omicron\iota\gamma\tilde{\omega} \ \ddot{\iota}\sigma\omicron\varsigma \ \ddot{}A\varrho\eta\iota.$$
**) Ad frag. 2 propius accedunt Catulliana (c. LI, in.):
   Ille mi par esse deo videtur.

## XIII.

Et apud Ovidium v. 155 sq. et frag. 52 poetria amati desiderio confecta somnum capere nequit et desolata diu in noctem suam fortunam deplorat:

Sappho d e s e r t o s cantat a m o r e s
Hactenus, ut m e d i a cetera n o c t e silent *).
.. μ έ σ α ι δ έ
ν ύ χ τ ε ς, παρὰ δ' ἔρχεται ὥρα,
ἐγω δὲ μ ό ν α κ α τ ε ύ δ ω **)..

## XIV.

Propter eandem causam poetria v. 195 sqq. lamentatur se neque carmina pangere neque psallere posse; id quod posteriore loco positum est, Ovidius v. 198 his verbis expressit:

P l e c t r a dolore t a c e n t***), m u t a dolore l y r a est.

---

*) Birt l. l. p. 431 Romano poetae Callim. frag. 150 obversatum esse statuit; quod quantum abhorreat a latinis, ipse videas:

Πολλάκι καὶ κανθῶν ἦλασ' ἄωρον ἄπό.

Ceterum Birt ibid. pentametrum perperam interpretatur: «huc usque cetera silent q u a s i m e d i a n o x s i t»; voces h a c t e n u s u t idem valere videntur atque u s q u e d u m, d o n e c, ut iam Domitius Calderinus vidit; cf. Vries. l. l. p. 94 med., qui cum Birtio facit.

**) Kock l. l. p. 34, cui haec verba Sapphonem minus decere visa sint, poetriam non de se ipsa, sed de alia quadam misera puella ea verba facere putat, quae in nocturna solitudine amati desiderio frustra enecetur; quam explicationem falsam esse iam ex Ovidii imitatione discimus, collato, quod ad rem attinet, Sapphus frag. 130.

***) Cum absurde dictum esse videatur: plectra t a c e n t—plectrum enim ipsum minime sonum reddere, sed tantum efficere non est quod moneam—Vries l. l. p. 108 secundum edit. Ven. (a. 1558) ita legendum esse censuit: Plectra dolore i a c e n t. Quae mutatio quamquam propterea quam maxime commendatur, quod traditam scripturam levissime corrigit, tamen reicienda est. Ovidio enim, cum h. v. eandem sententiam rhetorice repetere vellet, idem accidit' quod Suidae (s. v. Σαπφώ): ab utroque enim vocabula πλῆκτρον et π η κ τ ὶ ς confusa esse videntur. De pectide autem cf. Athen. p. 635 B coll. Sapph. frag. 122.

Simili modo poetria affecta esse poterat, cum ad lyram conversa ea exclamavit, quae frag. 45 legimus:

Ἄγε δὴ χέλυ δῖά μοι
φωνάεσσα γένοιο.

## XV.

In illa Naiadis nymphae sede describenda (v. 157 sqq.) Ovidio Sapphus carmen, cuius frustulum frag. 4 exstat, obversatum esse iam Bergk ad h. l. monuit; Romanus poeta tantum arborem Punicam loto commutavit:

Est nitidus vitroque magis perlucidus omni
    Fons sacer . . *)
Quem supra r a m o s extendit a q u a t i c a l o t o s
    Una nemus.

Ἀμφὶ δὲ ψῦχρον κελάδει δι' ὔσδων
μαλίνων, αἰθυσσομένων δὲ φύλλων
κῶμα καταρρεῖ **).

Si Hermogenis verba, qui de form. orat. II, 4 (apud Spengel. Rhett. gr. II p. 358) haec duo fragmenta servavit, urgere velis, tum f o n t e m quoque et ψ ῦ χ ρ ο ν eadem esse statuas necesse erit: nam rhetor ille ψῦχρον f r i g i d a m f o n t i s

---

*) Birt l. l. p. 430 putat hunc versum expressum esse e Callim. frag. 298:
Κρήνη λευκὸν ὕδωρ ἀνέβαλλεν.
Idem porro p. 432 extr. nullo fragmento allato 'apud Callimachum poetriam adiisse fontem numerosasque ibi querelas edidisse' fingit. Sane mirum est Bergkii annotationem viro sagaci ignotam fuisse; quae nisi eum fugisset, sine dubio eum prohibuisset, quominus in Callimacheis huius Heroidis similitudines aucuparetur.

**) Hanc descriptionem veteres imprimis in deliciis habebant, ut ex Demetr. de eloc. c. 132 (Spengel. Rhett. gr. III p. 291) patet, qui rhetor eam respexisse videtur, cum dicit: εἰσὶ δὲ αἱ ἐν τοῖς πράγμασι χάριτες, οἷον νυμφαῖοι κῆποι, ὑμέναιοι, ἔρωτες, ὅλη ἡ Σαπφοῦς ποίησις. Itaque Ovidius quoque facere non potuit, quin eum locum imitando exprimeret, praeeunte Horatio Epod. 2, 27; v. Bergk ad h. l.

a q u a m intellegere videtur, quae per ramos pomis onustos et ad terram demissos fluens strepitum edit; quod et ex eius verbis ῥευμάτων ποικιλία et ad ψῦχρον ὕδωρ addito concludi potest. Attamen αἰθυσσομένων quod sequitur satis superque ostendit sub ψῦχρον voce a u r a m intellegendam esse, (ut iam Neue l. l. p. 37 sq. vidit), quae circumstrepens frondes concutit. Quibus perpensis rhetorem in afferendis Sapphus verbis neglegentius egisse facile concedes.

## XVI.

Ovidius mutato rerum statu sententias quoque ex Sapphus carminibus petitas immutabat *). Ita v. 201 sq. poetriam maerore afflictam L e s b i a s  p u e l l a s  a  s e  a r c e n-t e m facit, quibus ad se invitatis ipsa frag. 11 s e  c a n t a-t u r a m  e s s e promisit:

---

*) Idem ab Ovidio alias quoque factitatum esse docuit Mayer, qui Hermae T. XX (a. 1885) p. 101 sqq. Ovidium in alio rerum statu ea quae in Euripideo Protesilao narrata erant, in XIII Heroide aptissime in usum suum convertisse demonstravit; cf. Ehwald. l. l. p. 156.

Quam viam ac rationem scribendorum carminum poeta imprimis in Metamorphosesi saepissime iniit, ut I, 293—306 in terrarum inundatione describenda:

        . . . cumba sedet alter adunca
    et ducit remos illic ubi nuper ararat:
    ille supra segetes aut mersae culmina villae
    navigat: hic summa piscem deprendit in ulmo.
    figitur in viridi, si fors tulit, ancora prato,
    aut subiecta terunt curvae vineta carinae;
    et, modo qua graciles gramen carpsere capellae,
    nunc ibi deformes ponunt sua corpora phocae.
    mirantur sub aqua lucos urbesque domosque
    Nereïdes, silvasque tenent delphines et altis
    incursant ramis agitataque robora pulsant.
    nat lupus inter oves, fulvos vehit unda leones,
    unda vehit tigres, nec vires fulminis apro,
    crura nec ablato prosunt velocia cervo.

Quibuscum conferas huius epistulae vv. 73—76, de quibus v. infra p. 33.

Lesbides . .

Desinite ad citharas turba venire meas.

Τόδε νῦν ἑταίραις
ταῖς ἔμαισι τέρπνα κάλως ἀείσω.

## XVII.

Simili modo Romanus poeta imaginem Sapphicae descrip-
tioni ex altera parte respondentem vv. 109—112 depingit
fere eisdem verbis ad designandam Sapphus propter
Phaonis fugam maestitiam usus, quibus illa frag.
2 vv. 7—12 vim amoris primum visae puellae
delineavit.

Cum mihi nescio quis 'fugiunt tua gaudia' dixit,
  Nec me flere diu, nec potuisse loqui.
Et lacrimae deerant oculis et lingua *) palato,
  Adstrictum gelido frigore pectus erat.

ὠς γὰρ ευ ἴ δ ο ν βροχέως σε, φώνας
  ο ὐ δ ὲ ν ἔτ᾽ ε ἴ κ ε ι·
ἀ λ λ ὰ κ α μ μ ὲ ν γ λ ῶ σ σ α ἔ α γ ε **), λ έ π-
                                      τ ο ν δ᾽
αὔτικα χ ρ ῶ π ῦ ρ ὐ π α δ ε δ ρ ό μ α κ ε ν,

---

*) Ex Graecis «καμ μὲν γ λ ῶ σ σ α ἔαγε» concludi potest lectionem
lingua palato, quae imprimis codd. Fuldensi et Harleiano fulcitur, retinen-
dam esse, alteramque illam cod. Francofurtani pro lingua verba exhibentis
doctae correctioni deberi. Attamen et Vries et Sedlmayer hanc scripturam
illi praetulerunt; iure defendit Ehwald l. l. p. 220 ann. 1, col. Trist. III, 3, 21.

**) Ex verbis «φώνας οὐδὲν ἔτ᾽ εἴκει, ἀλλὰ καμ μὲν γλῶσσα ἔαγε»,
quae delitescunt in latinis «me nec potuisse loqui . . deerat lingua palato»
concludi potest poetriam, si sibi constare voluisset, τὸν Ἔρωτα minime
μυϑοπλόκον alibi appellare potuisse—quod apud Maximum Tyrium XXIV, 9
(v. frag. 125) legimus—sed potius μυϑοκλόπον, verba furantem, linguam
verbis spoliantem. Quae coniectura quominus admittatur Pausaniae verba
obstant, qui IX, 27, 3 πολλὰ καὶ οὐχ ὁμολογοῦντα ἀλλήλοις
poetriam de Cupidine cecinisse testis est; ad quae hoc quoque referendum esse
videtur.

*ὀππάτεσσι δ' οὐδὲν ὄρημ', ἐπιρρόμ—
βεισι δ' ἄκουαι* *).

Haec fere sunt, quae iterum iterumque perlustrando et verbis
utriusque poetae inter se comparandis a nobis inveniri potuerunt. Quorum haud exiguus numerus sine dubio maior esset,
si poetriae carmina integra ad nos pervenissent, nec dubita-
mus, quin nova fragmenta in lucem protracta nostram coniecturam magis confirmatura sint. Attamen iam his satis superque demonstratur, quod a nobis supra in huius capitis titulo
positum est, neque veremur, ne nostra quod ad verisimilitudinis speciem attinet, Birtianis postponas. Comparantes vero
Ovidiana cum Sapphicis viam quoque ac rationem, qua Ovidius usus Graecorum poetarum verba et sententias in sua
carmina transferebat, haud semel observavimus, ut cum ostendimus latinum poetam ea quae apud Sapphonem legerat,
mutato rerum statu mutatis iisque contrariis coloribus depin-
xisse, ita ut eius verba Sapphicis ex altera parte respondeant,
in quibus imprimis quae fuissent non esse saepius eum enu-
merasse et notiones a poetria generatim atque universaliter
prolatas propius exposuisse animadvertimus. Quibus porro hoc
quoque addi potest Ovidium flores tantum ex Sapphus carminibus decerpsisse atque, prout ei visum est, frondes eorum
resecuisse. Semel tantum poeta totum carmen a Sapphone

---

*) Cum Sapphicis et Ovidianis iuvat comparare Catulliana (LI, 6 sqq.),
quae ad illud archetypum propius accedunt:
... nam simul te,
Lesbia, adspexi, nihil est super mi
. . . .
lingua sed torpet, tenuis sub artus
flamma demanat, sonitu suopte
tintinant aures, gemina teguntur
lumina nocte.
Praeter Catullum Lucretius quoque (III, 154 sqq.) in describendo timore
hoc carmen imitatus est,

mutuatus esse videtur, ubi de Naiade poetriae suadente narravit, ut de Leucadio promunturio in mare se praecipitaret *);
at accuratius enucleare, quomodo illa Ovidiana verba ad Sapphus carmen referantur, non possumus, cum initio excepto
fragmentis destituti simus **).

---

*) Vv. 157—175:

Est nitidus vitroque magis perlucidus omni
    Fons sacer. hunc multi numen habere putant:
Quem supra ramos extendit aquatica lotos,
    Una nemus, tenero caespite terra viret.
Hic ego cum lassos posuissem fletibus artus,
    Constitit ante oculos Naïas una meos:
Constitit, et dixit 'quoniam non ignibus aequis
    Ureris, Ambracia est terra petenda tibi.
Phoebus ab excelso, quantum patet, adspicit aequor:
    Actaeum populi Leucadiumque vocant:
Hinc se Deucalion Pyrrhae succensus amore
    Misit, et illaeso corpore pressit aquas:
Nec mora, versus amor tetigit lentissima mersi
    Pectora, Deucalion igne levatus erat.
Hanc legem locus ille tenet. pete protinus altam
    Leucada, nec saxo desiluisse time'.
Ut monuit, cum voce abiit. ego territa surgo,
    Nec gravidae lacrimas continuere genae.
Ibimus, o nymphe, monstrataque saxa petemus.

Initium huius loci iam supra p. 24 n. XV cum Sapphus frag. 4 verbis
contulimus. Quodsi nostra coniectura verum assecuti sumus, illud Graecum
carmen, unde Ovidiana expressa sunt, facile posteriores commovere potuit, ut
poetriam nymphae consilio obsecutam de Leucadio promunturio saltu sese
demisisse finxerint, de quo infra plura.

**) Ad eam epistulae partem, ubi Sappho omnes calamitates atque mise-
rias, quae in ipsam irruerunt, recenset (vv. 59—72), optime referri possit
initium carminis e ionicis a minore compositi, quod Hephaestio servavit (p. 67
ed. Westphal.):

    Ἔμε δείλαν, ἔμε πασᾶν κακοτάτων πεδέχοισαν.

Quod tamen carmen ab illo metrico scriptore diserte Alcaeo tribuitur (frag.
59). Attamen quod ibi femina loquitur et argumentum lugubre, (quantum ex
his primis verbis concludi licet), Alcaeo 'sonanti plenius' minime convenit,
illud fragmentum potius Sapphoni tribuendum esse putaverim apud Hephaestionem in nominando auctore erratum esse statuens. Quod sane fieri potuisse
concedes, si reputaveris Hephaestionis enchiridium ter in brevius redactum

Praeter ipsa Sapphus verba ad eius carminum fragmenta ii quoque antiquorum scriptorum loci asciscuntur, ubi eius sententiae in pedestrem orationem conversae aut sola testimonia ex eius carminibus sumpta occurrunt. Hinc quoque nonnulla afferri possunt, quibus Ovidium plurima ex Sapphus carminibus hausisse demonstretur. Fortasse obieceris Nasonem haec ex aliis scriptoribus, non ex ipsis eius carminibus mutuatum esse: at poetam recentiorum hominum doctorum more antiquos perscrutatum esse, ut de Sapphone testimonia magna cum temporis laborisque impensa conquireret, minime verisimile est, imprimis cum nihil impedimento esset, quominus ipsis eius carminibus uteretur. Huc igitur tres loci pertinere videntur.

## I.

Vv. 63—67 narratur de Charaxi, poetriae fratris (cf. v. 117 sq.), in Rhodopidem vel Doricham meretricem amore, qui eius rei familiaris dissipatae causa fuit:

Arsit inops f r a t e r  v i c t u s  m e r e t r i c i s  a m o r e,
Mixtaque cum turpi d a m n a pudore tulit.
F a c t u s  i n o p s agili peragit freta caerula remo,
Quasque m a l e  a m i s i t, nunc male quaerit o p e s*)
Me quoque, quod monui bene multa fideliter, odit.
Quae omnia in Sapphus carminibus fuisse luculente testantur

---

esse, primum ex duodequinquaginta libris ad undecim, tum ad tres, denique ad unum, qui aetatem tulit; cf. Longini verba apud Westphal. l. l. p. 2. Utcumque est, illorum quoque quattuordecim versuum argumentum ex ipsis poetriae carminibus haustum esse videtur; quod si mecum statueris, v. 61 sq. fontem ostendere poteris Sittlio, l. l. p. 324 ann. 5 haec interroganti: «Woher weiss P s e u d o-ovid, dass Sappho 6 Jahre alt ihre Eltern verlor?»

*) Hic versus quodammodo respondet Sapphus sententiae in universum prolatae, quam Schöne l. l. p. 743 ex illo Charaxum carpente carmine depromptam esse recte statuisse videtur (frag. 80):

'Ο π λ ο ῦ τ ο ς ἄνευ σεῦ γ' ἀρέτα 'στ' οὐκ ἀσίνης πάροικος.

plures loci, quos Bergk frag. 138 collegit, ex quibus ea, quae
praecipue faciunt ad hunc Ovidianum locum, exscribam. Iam
Herodotus l. II c. 135: ῾Ροδῶπις, inquit, ἐλύϑη χρημά-
των μεγάλων ὑπὸ Χαράξου .. Χάραξος δὲ ὡς
ἀπενόστησε ἐς Μυτιλήνην, ἐν μέλεϊ Σαπφὼ πολλὰ
κατεκερτόμησέ μιν *). Porro Athenaei quoque verba (XIII,
596 B) haud parvi momenti sunt: (Δωρίχα), ἣν ἡ Σαπφὼ
ἐρωμένην γενομένην Χαράξου τοῦ ἀδελ-
φοῦ αὐτῆς, διὰ τῆς ποιήσεως διαβάλλει ὡς
πολλὰ τοῦ Χαράξου νοσφισαμένην.

## II.

V. 89 sq. Ovidius illam de Lunae in Endymionem amore
fabulam respiciens Phaonem huic rivalem haud spernendum
fieri posse his verbis docet:

Hunc si conspiciat, quae conspicit omnia, P h o e b e,
Iussus erit s o m n o s c o n t i n u a r e Phaon.

Quam fabulam a Sapphone quoque tractatam esse scholia ad
Apollonii Rhodii IV v. 57 testantur (v. frag. 134): Περὶ δὲ
τοῦ τῆς Σελήνης ἔρωτος ἱστοροῦσι Σαπφὼ καὶ
Νίκανδρος· λέγεται δὲ κατέρχεσθαι εἰς τοῦτο τὸ
ἄντρον (sc. Latmi, Cariae montis) τὴν Σελήνην πρὸς
᾽Ενδυμίωνα **).

---

*) Quaeritur, quo illud μὶν referendum sit, utrum ad Rhodopidem, an ad
Charaxum. Plerumque sub ea voce Rhodopidem intellegunt, ut Welcker (v. Jahn.
Jahrb. T. I, p. 394), Stein (in ed. Herod. ad h. l.) alii; quae explicatio Athenaei
verbis (v. l. supra l.) nititur. Attamen Ovidiana verba 'bene monui multa fideliter' documento esse possunt Charaxum quoque a sorore carmine vellicatum
esse. Quamobrem μὶν vocem ad hunc referre licet, quod sententiarum Herodo-
tearum nexui magis respondere videtur. Cf. Vries. l. l. p. 65.
**) Cf. infra quoque p. 46.

### III.

Vv. 123—136 Sappho queritur somnia, in quibus solis
sibi liceat cum Phaone versari atque maerorem suum oblivisci,
tam cito praeterire. Prae ceteris cf. vv. 126 et 135 sq.:

> Sed n o n l o n g a s a t i s g a u d i a s o m n u s h a-
> b e t.

At cum se Titan ostendit et omnia secum,

> T a m c i t o m e s o m n o s d e s t i t u i s s e q u e-
> r o r *).

Quam sententiam Libanius sophista ex eius carminibus de-
sumpsit (v. Orat. T. I p. 402 ed. Reiske, vel frag. 130):
Σαπφώ, inquit, τὴν Λεσβίαν οὐδὲν ἐκώλυσεν εὔξα-
σθαι νύκτα αὐτῇ γενέσθαι διπλασίαν**).

---

Restant singula variarum rerum, de quibus poetria locuta est, nomina, quae inde in Ovidii carmen transmigrave-
runt. Huc primum rariores in lingua latina voces referuntur,
quae ad designandam lyram adhibentur, ut v. 8 b a r b i t o s
et v. 181 c h e l y s. Prius vocabulum in Sapphus carminibus
fuisse Athenaeus IV, 182 F (v. frag. 154) testatur: Τὸν
γὰρ βάρωμον καὶ Βάρβιτον, ὧν Σαπφὼ καὶ Ἀνα-

---

*) Cf. infra p. 46.—Exemplar huius distichi, cuius hexametrum iam supra
p. 20 cum Sapphus frag. 95 composuimus, Birt l. l. p. 432 in anonymorum
Callimacho ascriptorum frag. 93 videt:

> Ἦμος δ᾽ ἠπεροπῆας ἀπεπτοίησεν ὀνείρους
> ἠέλιος ἀνσχών.

**) Num frag. 87:

> Ζὰ δ᾽ ἐλεξάμαν ὄναρ Κυπρογενήᾳ

huc referendum sit, quod initium carminis fuisse Bergk ad h. l. conicit,
decerni non potest. — Ceterum Bergk in Libanii verbis pro διπλασίαν voce
τριπλαρίαν reponi iubet; quod non probandum est, cum et Sappho duplici
nocte non contenta immodestior videatur et fabula de Hercule trium noctium
Iovis cum Alcmena coitu procreato ad Sapphus verba non pertineat.

χρέων μνη μονεύουσι, ... ἀρχαῖα εἶναι *). Posteriorem
vero vocem eidem fonti deberi concludi potest e frag. 45:

> Ἄγε δὴ χέλυ δῖά μοι
> φωνάεσσα γένοιο.

Porro alia forma eiusdem verbi ab Orione 28, 15 citatur
(v. frag. 169): Ὡς παρὰ Σαπφοῖ χελώνη χελύνη (vel
χέλυννα corrigente Bergkio).

Sapphonem more tenero sexui proprio ad vestem, ornatum
cultumque studium contulisse et in carminibus quoque de eo
femineo apparatu saepius mentionem fecisse non est quod
miremur. Ita frag. 155 βεῦδος verbum legitur a poetria
usitatum, quod secundum Pollucem (VII, 49) pretiosam quandam pellucidam vestem significat; frag. 89 mollia lanea vesti-
menta, ὄββρα λάσια, nominantur; frag. 70 poetria „rusticam"
quandam feminam irridet, quae vestem gestare nesciat:

> Τίς δ᾽ ἀγροιῶτίς τοι θέλγει νόον,
> οὐκ ἐπισταμένα τὰ βράκε᾽ ἕλκην ἐπὶ τῶν σφύρων;

Porro coronae odoratae collo impositae frag. 46 memorantur:

> Κὰπ ἄλαις ὑπαθύμιδας **)
> πλέκταις ἀμπ᾽ ἀπάλα δέρα.

Tum frag. 35 anulus commemoratur:

> Ἄλλα, μὴ μεγαλύνεο δακτυλίω πέρι.

Denique pretiosa unguenta, ut βρένθειον (frag. 49), μύρρα
(frag. 163) in eius carminibus nominata invenies, porro sa-

---

*) Flach in libro qui inscribitur Geschichte der griech. Lyrik, p. 108
βάρβιτος vocem ex Graecae linguae verborum copia non derivari posse statuere videtur, quod falsum est. Nam ex variis eius rei apud Athenaeum servatis nominibus, ut βάρωμος et βάρμος (XIV p. 636 C) sequitur alterum β
per assimilationem pro μ positum esse; itaque genuina forma fuit βάρμιτος,
cuius onomatopoeica radix βαρμ per metathesin e βραμ orta ad strepitum
significandum saepe in graecis vocabulis adhibetur, ut in βρέμειν (cf. Pind.
Nem. XI, 7: λύρα δέ σφι βρέμεται καὶ ἀοιδά), ὑψιβρεμέτης (Il. I, 354),
βρόμος, βρόμιος. Ab eadem radice sine dubio derivatum est vocabulum
φόρμιγξ, v. G. Curtius, Grundzüge (ed. 5), p. 530.
**) Ita legendum esse censeo collatis fragg. 2 v. 10: ὑπαδεδρόμακεν
et 1 v. 9: ὑπαζεύξαισα.

ponem quoque (νίτρον frag. 165), et frag. 156 capsulam quoque quandam habes (γρύτη), ad unguenta servanda destinatam. Cum vero poetria propter Phaonis repentinum discessum maestitia affecta esset, omnem illum femineum cultum, ut par erat, missum fecit. Quapropter Ovidius iterum ex altera parte eam describens vv. 73—76 haec loquentem facit:

> Ecce, iacent collo sparsi sine lege capilli,
> Nec premit articulos lucida gemma meos.
> Veste tegor vili. Nullum est in crinibus aurum,
> Non Arabum noster rore capillus olet.

Praeter easdem vel similes sententias et res apud Ovidium porro etiam dicendi generis poetriae vestigia quaedam inveniuntur. Sane concedendum est fieri potuisse, ut nonnulla casu tantum similia sint: nam cum uterque in erotico poesis genere versaretur, facere non potuit, quin eodem, ut ita dicam, erotico apparatu *) uteretur. Ita uterque de vehementi amoris impetu urendi verbo utitur, cf. v. 9: „uror" et v. 163 sq.: „quoniam non ignibus aequis ureris" cum frag. 115: ὄπταις ἄμμε et frag. 2 v. 9 sq.:

> λέπτον δ'
> αὔτικα χρῷ πῦρ ὑπαδεδρόμακεν.

Mihi vero imprimis in epithetis quae dicuntur ornantibus poetriae propriis Ovidius ad Sapphus dicendi genus accedere videtur, cui e. g. adiectiva nomina ἄβρος, ἄπαλος, βράδι-

---

*) Ita lusciniae, perpetuae illius amantium comitis, in Sapphus carminibus partes fuisse docet frag. 39:

> Ἦρος ἄγγελος ἱμερόφωνος ἀήδων.

Quibuscum cf. v. 152 sqq.:

> ..nullae dulce queruntur aves.
> Sola virum non ulta pie maestissima mater
> Concinit Ismarium Daulias ales Ityn.

3

νος, λέπτος, μάλαχος, μάλθαχος in deliciis erant *).
Ita apud Ovidium quoque scriptum legimus v. 79 „molle
meum cor“, v. 84 „ingenium molle“, v. 179 „mollis Amor“,
quod conferri potest cum frag. 62: ἄβρος Ἄδωνις. Porro
v. 160 „tenero caespite“ cf. cum frag. 54: πόας τέρεν ἄνθος
μάλαχον μάτεισαι; candida epitheton quod v. 17 exstat,
recurrit frag. 112 et 122: ὠΐω πολὺ λευχότερον et γά-
λαχτος λευχοτέρα (si hoc frag. non est Anacreontis); his
adde frag. 1 v. 18 μαινόλας, quocum componi potest v. 176
„insanus“, vel v. 139 „furialis“. Exstat etiam eiusmodi exemplum, ubi notio a poetria breviter per epitheton expressa ab
Ovidio per totum versum explicatur; cf. frag. 40 ἔρος ὁ
λυσιμέλης cum v. 50:

Plurimus in lasso corpore languor erat.

Etiam quod ad syntaxin attinet, similis usus exempla
apud utrumque exstant; compone frag. 2 v. 5 γελαίσας
ἱμερόεν cum v. 152: dulce queruntur aves **). Venustum
exemplum nominis abstracti pro concreto positi e Sapphicis
carminibus depromptum Julianus epist. XVI (v. frag. 126) servavit: τὸ ἐμὸν μέλημα; ita Ovidius quoque v. 109 Phaonem
„tua gaudia“ dixit; adde v. 123: „Tu mihi cura, Phaon“ ***).

---

*) Mahaffy Anglosaxus in praestantissimo libro, qui inscriptus est Hi-
story of classical greek literature, vol. I p. 185 putat XXVIII idyllium Theo-
crito ascriptum ad Sapphici carminis cuiusdam exemplar compositum esse.
Quam sententiam haud improbandam esse multa Sapphica epitheta docent,
quae in illo idyllio recurrunt, ut ἀπαλος (v. 4), ἱμερόφωνοι (v. 7), μάλακοι
(v. 12), ἐράνναν (v. 21).

**) Ceterum vide iam apud Homerum Il. VI, 484: δακρυόεν γελάσασα;
vel Od. XVIII, 35: ἡδὺ ἐκγελάσας. Ovidium Homeri quoque, ut par erat,
studiosum fuisse, alia quoque docent, ut v. 89 colon cum Il. III, 277 compa-
ratum:

quae conspicit omnia, Phoebe.
Ἥλιος θ᾽ ὃς πάντ᾽ ἐφορᾷς.

***) Fieri potuit, ut verbis τὸ ἐμὸν μέλημα ipsa poetria Phaonem suum
appellaverit.—Ad hunc Sapphus dicendi usum Lucianus quoque (Amor. c. 30)

His unum tantum addam. Sappho ad sententias illustran-
das atque accuratius exprimendas saepissime similitudinibus
imaginibusque a natura ductis utebatur; ita frag. 42 impetus
amoris, qui in poetriam irruit, cum impetu venti montana
querceta concutientis comparatur:

($"E\varrho o \varsigma \ \delta a \tilde{v} \tau' \ \dot{\epsilon} \tau i \nu a \xi \epsilon \nu \ \dot{\epsilon} \mu o \iota \ \varphi \varrho \dot{\epsilon} \nu a \varsigma$),

$\ddot{a} \nu \epsilon \mu o \varsigma \ \varkappa a \tau' \ \ddot{o} \varrho o \varsigma \ \delta \varrho \acute{v} \acute{o} \iota \nu \ \dot{\epsilon} \mu \pi \dot{\epsilon} \acute{o} \omega \nu$.

Ad quam collationem prope accedit ea, quae apud Ovidium
vv. 9—10 de eadem re usurpata est; Ovidius tantum mon-
tem agro et quercus Sapphicae comparationis igne frugum
commutavit:

Uror, ut indomitis ignem e x e r c e n t i b u s e u r i s
Fertilis accensis messibus ardet ager.

Jam restat, ut ad ultimum qui superest Sapphicorum verborum fontem recurramus. Antiqui scriptores celebratissimo-
rum poetarum versus nonnunquam laudare solent non nominatis auctoribus; quibus nominatim afferendis supersedere poterant, cum eorum quisque qui legebant poetarum optimum
quemque penitus cognitum haberet. At nos iniuria temporum
perditis carminibus incerti haeremus et ambigimus, cuinam
hoc vel illud fragmentum assignemus. Quod ad melicos poetas
attinet, Bergk sub finem sui libri plus centum eiusmodi adespota fragmenta collegit, in quibus haud pauca Aeolicae poeseos frustula deprehenduntur. Quae cum perlustrarem, nonnulla ab hominibus doctis Sapphoni dubitanter ascripta ita

---

alludens dixisse videtur: $\tau \grave{o} \ \mu \epsilon \lambda \iota \chi \varrho \grave{o} \nu \ a \breve{v} \chi \eta \mu a \ \Lambda \epsilon \sigma \beta \ell \omega \nu \ \Sigma a \pi \varphi \acute{\omega}$. Attamen
Sappho non est prima, apud quam nomen abstractum pro concreto positum
inveniatur, cum huius quoque usus vestigia iam apud Homerum exstent; cf.
Il. XXII, 432 sq., ubi Hecuba ad Hectoris cadaver conversa ita lamentatur:

$\ddot{o} \ \mu o \iota$

$\epsilon \breve{v} \chi \omega \lambda \grave{\eta} \ \varkappa a \tau \grave{a} \ \ddot{a} \sigma \tau v \ \pi \epsilon \lambda \acute{\epsilon} \sigma \varkappa \epsilon o, \ \pi \tilde{a} \sigma \ell \ \tau' \ \ddot{o} \nu \epsilon \iota a \varrho$.

comparata esse animadverti, ut Ovidianae epistulae verbis respondere videantur. Ita cum v. 27:

At mihi Pegasides blandissima carmina dictant

53 fragmentum, a Plutarcho (de garrul. c. 5) servatum, mirifice congruit, quod Bergk l. l. p. 704 iure Sapphoni tribuit:

Ἐγὼ φᾶμι ἰοπλοκάμων Μοισᾶν εὖ λαχεῖν *).

Porro frag. 76, ubi iuvenis quidam

Ναρκίσσου τερενώτερος

dicitur, commode ad Phaonem referri potest, quem poetria apud Ovidium ad eius teneram aetatem alludens v. 93 his verbis compellat:

O nec adhuc iuvenis, nec iam puer.

Ad eundem Phaonem mihi referenda esse videntur ea carmina, quorum reliquiae decurtatae nuper in Aegypto repertae et a Blassio editae sunt **); quas Bergkio haud annuente is qui edidit merito Sapphicas esse statuit: sententiae enim in iis expressae, quantum e singulis verbis divinari potest, mirum in modum cum iis consentiunt, quae in Ovidiana epistula exstant. Nam primum e frag. 56 *B* v. 9 sq. verbis

συ(ΓΧΡΟΙΣΘΕΙΣ

ἔται(ΡΟΣ

concludi potest de poetriae amico quodam in illo carmine agi, cuius amplexibus delectari solebat. Quibuscum conferas, quae Sappho epistulae vv. 46 sqq., 127, 142 sqq., 191 sqq. dicit. Porro eiusdem frag. vv. 5—7:

ΑΣΚΕΝΗΜΟΙ

ΣΑΝΤΙΛΑΜΠΗΝ

κα)ΛΟΝΠΡΟΣΩΠΟΝ

---

*) Cf. supra p. 18, IV, et infra p. 45.
**) V. Rhein. Mus. XXXV, 287—290 (a. 1880) coll. Bergk. l. l. fragg. 56 *A* et *B*, Wharton. l. l. pp. 174—181, qui illorum pannorum exemplar phototypicum libro suo inseruit.

amasii pulchra facies laudibus effertur. Egregiam Phaonis pulchritudinem multi Ovidiani loci praedicant, ut vv. **39, 94, 95** („formose"), imprimis vero 21 sq., quem locum iam supra p. 18 contulimus:

Est in te facies....

O facies oculis insidiosa meis.

In priore autem fragmento (56 *A*) e verbis v. 4 sq.:

$$\Lambda \dot{Y} \Pi H \Sigma T \acute{E} M$$

$$M' O N E I \Lambda O \Sigma$$

enucleari potest poetriam de sua maestitia et opprobrio verba facere. Utrumque in epistula quoque recurrit; conferas imprimis vv. 109—122, ubi Sappho a Phaone relicta dolorem suum sibi opprobrio fuisse testatur.

Etiamsi praeter eos locos, quos enumeravimus, alii nobis in promptu sunt, tamen hic subsistemus, ne similitudines aucupantes longius iusto procedamus. Ex iis vero, quae contulimus, sequitur, cum easdem sententias et in epistula et in disiectis melicae poeseos fragmentis, quorum origo incerta est, reperiri viderimus, de communi earum fonte, Sapphus carmina dico, inde coniecturam fieri posse haud improbabilem.

Praeter eos quos iam recensuimus imitandi modos Ovidius etiam in componenda Heroide Sapphus vestigiis institit. Primum enim vv. 163—172 Naiadis, quae poetriae consilium dat, ut de Leucadio promunturio saltu demissa insano amori medeatur, ipsa verba referuntur, quod Comparetti l. l. p. 52 Alexandrinorum poetarum exemplo factum esse opinatur: apud eos enim usu acceptum fuisse, ut deo alicui in carmine partes quaedam tribui solerent, ita ut poeta ipsius verbis res quasdam usu consecratas homines doceret. Comparettii coniecturam avide arripuerunt et Birt l. l. p. 399 et Vries l. l. p. 146. Cuius moris quamquam apud tragicos quoque et in prologis et in exodis multa exempla inveniuntur, tamen Romanum poetam neque hos neque Alexandrinos ob oculos habuisse facile concedemus, si integrum superstes Sapphus carmen (frag. 1) attente perlegerimus. Nam ibi quoque Venus loquens inducitur, cuius primum (vv. 15—18) oratio obliqua refertur, quae inde a medio v. 18 in rectam transit Idem frag. 74 recurrit *). Itaque si exemplar eius moris ad imitandum Ovidio propositum quaerimus, poetae potius Sapphus carmina quam Alexandrinorum ob oculos versata esse ponendum est; sane fieri potuit, ut Ovidius non solum eum componendi morem, sed ut iam supra coniecimus, totam rem a Sapphone mutuatus sit.

Attamen ne his quidem quaestio absoluta est et longius procedere licet. Quaeritur enim, a quonam Ovidius carmina e p i s t u l a s  a m a t o r i a s  continentia scribere didicerit; quam quaestionem hoc loco attingere ab iis quae suscepi non alienum esse duxi. Birt putat Ovidium lectitatis Euripidis potissimum tragoediis, a quo poeta semel atque iterum codicilli in scenam inducti essent, commotum esse, ut ipse quoque epistularum forma carmina quaedam vestiret **). Quae opinio an accipienda sit, valde dubito: nam in tragoediis, ut Iphig. Taur. v. 584 sqq. (coll. Aristot. poet. c. 11), Hippol. v. 856 minime inveniuntur epistulae a m a t o r i a e et codicilli ibi obvii parum differunt ab illo πίναχι πτυχτῷ, quem apud Homerum (Il. VI, 168 sqq.) Proetus Bellerophonti tradidit, ut eum ad socerum in Lyciam ferret. Ceterum iam

*) Cf. Maximi Tyrii testimonium illi fragmento praemissum: Λέγει που καὶ Σαπφοῖ ἡ Ἀφροδίτη ἐν ἄρματι —Eundem poetriae morem Anthologiae Palatinae anonymus poeta imitatus est, qui IX, 521 Musas Sapphonem alloquentes inducit.

*) Cf. eius verba l. l. p. 401: «Atque—inquit — ipsam quoque δέλτον nonne frequentissime apud tragicos eosdem adplicatam legerat? modo memor sis Hippolyti utriusque; contra ab epicis ea fere aliena».

multo ante Euripidem Alcaeus carmine de scuto in pugna. cum
Atheniensibus apud Sigeum a se abiecto Melanippum amicum
certiorem fecerat, ut Herod. V, 95 testatur: ταῦτα δὲ
Ἀλκαῖος ἐν μέλεϊ ποιήσας ἐπιτιθεῖ ἐς
Μυτιλήνην, ἐξαγγελλόμενος τὸ ἑωυτοῦ πάθος Μελα-
νίππῳ ἀνδρὶ ἑταίρῳ; cf. Alcaei frag. 32 apud Bergkium.
Attamen ne huius quidem epistulae argumentum amatorium
fuit. Itaque nisi alio modo rem expedire liceret, Diltheyi sententia praeferenda erat, qui initio „Observatt. in epistulas heroid.
Ovid. p I (Gottingae, 1884) Ovidium Alexandrinos poetas, in
quorum carminibus epistulae amatoriae usu receptae erant,
imitatum esse persuasum habet*). At rem altius repetere licet.
Athenaeus enim X p. 450 E **) affert amplum fragmentum ex
Antiphanis, mediae quae dicitur comoediae poetae, Sapphone
sumptum, ubi poetria griphum cuidam solvendum proponit;
quod cum ille comice, non autem ex poetriae sententia fecisset, Sappho ipsa docet illo aenigmate epistulam designari. Quaeritur autem, in quonam sententiarum nexu illud
aenigma locum habuerit vel ad quam rem Sapphoni opus
fuerit epistula. Quod mihi ita explicandum esse videtur: Sappho a Phaone deserta epistulam amatoriam ad absentem mit-
tere gestiens a comico inducebatur; quin etiam fieri potuit,
ut iam scriptam illo aenigmate soluto in scaena recitaverit.
Qui comoediae locus Ovidium legentem sane commovere potuit, ut talem epistulam componeret eis sententiis usus, quae
in Sapphus carminibus expressae erant et ad poetriae ingenium describendum accommodatae esse videbantur; c o m i c u m
enim Antiphaneae Sapphus epistulae argumentum ad genui-

---

*) Cf. Ehwald. l. l. p. 214.
**) V. Meinek. Fragg. com. graec. III, p. 112 sq.

num poetriae ἦθος depingendum minime idoneum fuisse facile concedes *).

Attamen ne hoc quidem, quamquam per se verisimile est, tenendum esse videtur, quoniam vestigiis quibusdam ductus investigasse mihi videor Ovidium non ex comoedia, sed, ut Antiphanem quoque, a S a p p h o n e i p s a imaginem suae epistulae mutuatum esse, cuius carmen alter irridebat, alter imitando exprimebat. Nam inter poetriae reliquias aliquot fragmenta ita conformata sunt, ut ea ex epistula Sapphicis strophis conscripta petita esse haud absurdum dicas. Huc spectare videntur fragg. 22, 21, 23 a Bergkio probabiliter Sapphoni ascripta, ubi poetria amatum sui oblitum alius hominis amore teneri seque desiderio eius enecari queritur:

---

*) Appono et propositum et solutum aenigma:

Ἔστι φύσις θήλεια βρέφη σώζουσ᾽ ὑπὸ κόλποις
αὑτῆς, ὄντα δ᾽ ἄφωνα βοὴν ἵστησι γεγωνὸν
καὶ διὰ πόντιον οἶδμα καὶ ἠπείρου διὰ πάσης
οἷς ἐθέλει θνητῶν, τοῖς δ᾽ οὐδὲ παροῦσιν ἀκούειν
ἔξεστιν· κωφὴν δ᾽ ἀκοῆς αἴσθησιν ἔχουσιν.

Θήλεια μέν νύν ἐστι φύσις ἐ π ι σ τ ο λ ή,
βρέφη δ᾽ ἐν αὐτῇ περιφέρει τὰ γράμματα·
ἄφωνα δ᾽ ὄντα ταῦτα τοῖς πόρρω λαλεῖ
οἷς βούλεθ᾽· ἕτερος δ᾽ ἂν τύχῃ τις πλησίον
ἑστὼς ἀναγιγνώσκοντος οὐκ ἀκούσεται.

Magna similitudo intercedit inter aenigmatis verba: ταῦτα τοῖς πόρρω λ α λ ε ῖ et Ovid. epist. versum paenultimum:

Hoc saltem miserae crudelis e p i s t u l a d i c a t.

Attamen ex hac similitudine vix quidquam concludi potest, quoniam similis locutio alibi quoque exstat, ut Eurip. Iphig. Taur. v. 641 sq.:

καὶ δ έ λ τ ο ς αὐτῷ ζῶντας οἷς δοκεῖ θανεῖν
λ έ γ ο υ σ α πιστὰς ἡδονὰς ἀ π α γ γ ε λ ε ῖ.

Ibid. 763: αὕτη (sc. ἡ γραφή) φ ρ ά σ ε ι. Hippol. Coronif. 865: τί λ έ ξ α ι δ έ λ τ ο ς ἥδε μοι θέλει.

. . . . . . . . . τίν’ ἄλλον

. . ἀνθρώπων ἔμεθεν φίλησθα

. . . . . . ἔμεθεν δ’ἔχεισθα

λᾶθος . . .

*Καὶ ποθήω καὶ μάομαι . . .* *)

Quae cuncta ad eiusmodi epistulae argumentum quadrare nemo negabit. Quae sententiae cum, ut iam supra ostendimus, in Ovidiana epistula imitando expressae sint, primum inde sequitur eas a Sapphone quoque in eiusmodi epistulae formam induto carmine adhibitas esse; porro autem, quoniam Ovidius Sapphonem a d P h a o n e m epistulam scribentem facit, poetriae quoque ipsum carmen ad Phaonem scriptum ponere poteris.

Attamen non solum ex poetriae fragmentis cum Ovidiana epistula collatis colligi potest a Sapphone eiusmodi epistulam scriptam esse: aliud quoque vestigium exstat, quod recte intellectum eodem pertinere mihi videatur. In aliquot enim huius Heroidis libris manuscriptis haec epistula a b O v i d i o e G r a e c a l i n g u a i n l a t i n a m v e r s a e s s e d i c i- t u r. Ita in codice Harleiano ipsi epistulae haec praefatio praemissa est (v. Vries. l. l. p. 7): „Circa lesbie Saphos mitilene epistolam ad phaonem dilectum suum scriptam. Ma- gna extitit contencio quis hoc insigne opus e g r e c o i n l a t i n u m t r a n s t u l e r i t quamvis aduc in dubio id volvatur coniecturis tum ad id ventum est, quod ovidius sul- monensis is siet qui transtulerit“. Idem in codice Parisino (p) legitur, v. supra p. 6 extr. sq. Quae ita mihi interpretanda esse videntur: Antiquioribus temporibus, cum Sapphus carmina

---

*) Sane miro modo factum est ut iam Bergk tamquam divinando prae- ripiens nostram coniecturam haec fragmenta fere ita enumeraverit, ut nobis Ovidiana epistula fretis coniungenda esse videantur.

nondum temporum iniuria consumpta essent, homines litterati, qui et Sapphus et Ovidii carmina lectitabant, ex magna
similitudine inter Ovidii Heroidem et Sapphus in Phaonem
carmen intercedente coniectando assecuti sunt hanc epistulam
ab Ovidio e Graeco translatam esse, non quidem ad verbum,
sed ut mos erat, liberius; unde illa a quibusdam servata opinio fluxisse videtur.

Fieri potuit, ut Sapphus epistula Ovidiana p r i m a omnium ceterarum Heroidum a Nasone Sapphonem imitante
scripta sit; quod poesis genus cum et ipsi et popularibus
haud displiceret, — quod iam ex Sabini responsis *) concludi
potest—, Ovidio in mentem venit, ut fabulosas quoque illas
heroides absentibus viris aut amasiis eiusmodi epistulas scri-
bentes faceret. Itaque ut in metamorphosesi doctus poeta
undique ea argumenta colligebat, ubi de m u t a t i s f o r m i s
sermo erat, ita hic a b s e n s c o n i u x aut a m a t u s ansam ad carmen componendum ei praebuit. Quod vero Ovidius
illo Amorum loco novem Heroides suas recensens Sapphonem
novissimam nominavit (II, 18, 26), eo minime prohibemur,
quominus hanc epistulam primam omnium scriptam esse ponamus, quoniam vix verisimile est poetam epistulas eo ipso
ordine recensuisse, quo conscriptae atque in lucem editae
erant **). Quibus positis multa menda, quae primitias illas de-
formant, facilius excusari possunt; quae poeta postea usu

---

*) V. Amor. II, 18, 27 sqq.

**) Non alienum ab hoc loco esse mihi videtur addere, quomodo expli-
candum esse censeam, cur haec epistula in libris manuscriptis s e p a r a t i m
circumferatur. Cum epistulae Ovidianae in ordinem digererentur, is qui eum
laborem susceperat, Sapphus epistulam a ceteris secludendam curavit, cum
S a p p h o m i n i m e e s s e t H e r o i s. Posteriore autem tempore factum est,
ut alius quidam epistularum digestor illum Ovidianum locum (Amor. II, 18,
26) respiciens ceteris Heroidibus Sapphus quoque epistulam novissimo loco as-
suere e re esse censuerit.

atque exercitatione edoctus evitavit. Quae mihi gravissima causa videtur, quod in hac epistula non omnia ad unguem perpolita reperiantur.

Quaeritur autem, quid statuendum sit de Art. am. III v. 346, ubi Ovidius se ipsum 'illud opus aliis ignotum, novasse' testatur? Mihi quidem Nasonis verba non ita accipienda esse videntur, tamquam in universum valeant; Ovidius enim tantum in latinas litteras eiusmodi epistulas a se inductas esse gloriari videtur. Quae si recte disserui, in hac quoque re Romani poetae ingenii laus, qui illarum ut ita dicam nugarum inventor esse in vulgus creditur, restringenda atque imminuenda erit.

Haec fere sunt, quae ad id quod posuimus demonstrandum afferri posse videantur. Quorum messis praeter opinionem tam larga evasit, (imprimis si exiles Sapphus carminum reliquias respicis), ut racemantibus pauca tantum reliquisse videamur. Attamen etiamsi dimidiam partem eorum quae protulimus missam facias, quippe quasi nimis urgentes interdum similitudinem ibi indagasse nobis videamur, ubi tu nullam statues: nihilominus ea quoque dimidia pars, quae reliqua erit, sufficiet ad demonstrandum Ovidium non solum sententias, fabulas, imagines, singulas notiones ex ipsis poetriae carminibus mutuatum suae epistulae accommodasse, sed etiam totum carmen ad poetriae archetypum composuisse. Quamobrem poeta, si aequalium cuidam suam Heroidem dedicaverit, Graecis anonymi poetae (ap. Bergk. adespot. frag. 62) verbis usus recte ac merito dicere potuit:

Ἐκ Σάπφως τόδ' ἀμελγόμενος μέλι τοι φέρω.

## Appendix.

Praeter Sapphus carmina Ovidius alios quoque fontes adibat indeque sententias in suam epistulam transferebat*), ut imprimis Graecorum epigrammata, unde nonnullos locos esse haustos probabiliter contendi potest; quos hic subiungere liceat. Primum enim Kaibel, qui haud paucas sententias ex Philodemi Gadarensis epigrammatis a Nasone imitando expressas esse docuit**), huius epistulae v. 35 sq. cum Anthol. Pal. V, 132 extr. composuit; utrumque locum exscribimus:

Candida si non sum, placuit Cephėïa Perseo
Andromede, patriae fusca colore suae.

Εἰ δ᾽ ὀπικὴ καὶ χλωρὰ καὶ οὐκ ἄδουσα τὰ
Σαπφοῦς,
καὶ Περσεὺς Ἰνδῆς ἠράσατ᾽ Ἀνδρο-
μέδης.

Ceterum Kaibel non primus eam similitudinem detexit; nam iam a Brodaeo eam erutam esse videre potes apud J. Chr. Wolfium l. l. p. 130 ann. 3, coll. p. 188, ann. 29.

Cui loco alios addimus, qui quamvis non tam prope ad Ovidiana verba accedant, tamen eandem sententiam exprimere videantur. Legimus enim apud Nasonem v. 5 sq.:

Forsitan et, quare mea sint alterna, requiris,
Carmina, cum lyricis sim magis apta modis?

Et apud anonymum poetam Anthol. Pal. IX, 190, v. 7 sq. haec:

Σαπφὼ δ᾽ Ἠρίννης ὅσσον μελέεσσιν ἀμεί-
νων,
Ἤρινν᾽ αὖ Σαπφοῦς τόσσον ἐν ἑξαμέτροις.

---

*) Cf. infra p. 100.
**) In «Philodemi Gad. epigrammatis» quae inserta sunt Indici schol. Gryphiswald. 1885; cf. Ehwald. l. l. p. 174. — Philodemum autem Ciceronis aequalem fuisse constat.

Utroque enim loco Sapphoni in melica poesi palmam deferri
vides: Ovidius tantum poetriam ipsam confitentem fecit, quae
Graecus poeta de ea in medium protulerat *).

Porro autem cum Ovidianis vv. 33 et 35:

    Sum brevis, at—

    Candida si non sum—

comparare potes Philodemici epigrammatis initium (l. l. V,
121):

    *Μιχχὴ χαὶ μελανεῦσα Φιλαίνιον, ἀλλά—.*

Porro illi quoque disticho, ubi poetria carmina sua Mu-
sarum dona appellans suam gloriam ostentat v. 27 sq.:

    At mihi Pegasides blandissima carmina dic
                      tant:

    Iam canitur toto nomen in orbe meum,

complures epigrammatum in Sapphus honorem scriptorum
loci respondent, ut Antipatri Sidonii (l. l. VII, 14 extr.):

    *ἀοιδῷ,*

*ἄφθιτα μησαμένᾳ δῶρ᾽ Ἑλιχωνιάδων**);*

Tullii Laureae (ibid. 17):

    *Μουσάων.. ὧν ἀφ᾽ ἑκάστης*

*δαίμονος ἄνθος ἐμῇ θῆκα παρ᾽ ἐννε-*
          *άδι,*

anonymi (IX, 521 fin.):

    *Μέλψεαι ἐν πάντεσσιν ἀοίδιμος ἀμε-*
          *ρίοισιν,*

*οὐδὲ χλυτᾶς φάμας ἔσσεαι ἠπεδανά.*

---

*) Si Tullius Laurea epigrammatum poeta Ciceronis libertus fuit—
quod Brodaeus (apud J. Chr. Wolfium l. l. p. 128 ann. 3 dubitanter coniecit—
novissimi quoque Anthol. Pal. VII, 17 versus verba *τῆς λυρικῆς Σαπφοῦς*
huc referri possint.

**) Eiusdem epigrammatis verba:

    *ἃς μέτα Πειθὼ*
*ἔπλεκ᾽ ἀείζωον Πιερίδων στέφανον*

comparari possunt cum v. 195:

    Nunc vellem facunda forem.

At ne hic quidem subsistendum est et longius procedere
licet. Primum enim illud epigramma dedicatorium, quod apud
Ovidium v. 183 sq. legitur:

'Grata lyram posui tibi, Phoebe, poetria Sappho:
    Convenit illa mihi, convenit illa tibi'

ad exemplar eorum compositum est, quorum haud exiguus
numerus Anthologiae Palatinae c. VI exstat. Complures autem
res Romanus poeta ex amatoriis Graecorum epigrammatis in
suam epistulam transtulit, ut paucis demonstrabimus. Ita primum ea, quae vv. 129, 133 recensentur (o s c u l a, u l t e r i-
o r a), cum Philodemi epigrammate (l. l. V, 4 fin.) conferri
possunt:

Καὶ σὺ φίλει Ξανθώ, με· σὺ δ᾽, ὦ φιλεράστρια
                                                κοίτη,
ἤδη τῆς Παφίης ἴσθι τὰ λειπόμενα.

Item v. 100:

    E t m o d o d i x i s s e s 'Lesbi puella, v a l e'

cum eiusdem Philodemi verbis congruit (ibid. 308):

Οὐδ᾽ „ὑγίαινε“ λέγεις;

Noctem amantibus citius praeterire et apud Ovidium (v. 135
sq.) et in Meleagri epigrammate (ibid. 172) legimus:

At cum se T i t a n ostendit et omnia secum,
    T a m c i t o me somnos destituisse queror.

Ὄρθρε, τί μοι, δυσέραστε, ταχὺς περὶ
                                        κοῖτον ἐπέστης;

Porro apud Ovidium v. 137 sq. antra nemusque c o n s c i a
sunt Sapphus deliciarum; in epigrammatis vero (ibid. 4 in.,
8 in.) nox et lucerna amantium σ υ ν ί σ τ ο ρ ε ς nominantur.

Item de L u n a e i n E n d y m i o n e m a m o r e Ovidius
mentionem fecit v. 89 sq., Philodemus vero epigr. 123:

Σελήνη,
καὶ γὰρ σὴν ψυχὴν ἔφλεγεν Ἐνδυ-
                                    μίων.

Postremo autem Ovidii v. 213 colon:

Venus orta mari mare praestat amanti

quodammodo respondet initio exhortatorii epigrammatis eiusdem
Philodemi (l. l. X, 21):

*Κ ύ π ρ ι   γ α λ η ν α ί η,   φ ι λ ο ν ύ μ φ ι ε.*

Itaque hic quoque miro modo comprobatur, quod iam
in universum ab aliis de Ovidio Graecorum epigrammata
diligentissime perscrutato et imitato observatum est. Quodsi
quaedam ex iis, quae deprompsimus, iam supra in Sapphicis
quoque carminibus expressa esse reperimus*), non est quod
mireris, cum epigrammatum quoque poetae Sapphonem res
eroticas tractantem legentes inde haud pauca imitando exprimere potuerint.

---

*) V. p. 18, n. IV; p. 20, n. VII; p. 30 n. II; p. 31, n. III,

# Caput II.

## Ex quonam fonte Ovidius alias quasdam res ad Sapphus vitam pertinentes hausisse videatur.

Praeter Sapphus carmina Ovidio in componenda epistula alterum quendam fontem praesto fuisse ipsius poetae verba quaedam manifestum faciunt, quippe quae partim a ceteris discrepent, partim in Sapphus carminibus minime sedem habere potuerint. Ita ea, quae vv. 19 et 201 de poetria Lesbio crimini obnoxia atque inde orta eius infamia leguntur:

Atque aliae centum, quas n o n  s i n e  c r i m i n e
a m a v. i.

Lesbides, i n f a m e m quae me fecistis a m a t a e.

Porro ea quoque, quibus poetriae naturae menda atque defectus enumerantur, vv. 31, 33, 35:

Si mihi difficilis f o r m a m natura negavit.

Sum b r e v i s . .

C a n d i d a si n o n sum.

Recentiores Welckero praeeunte*) haec et alia ex Atticorum

---

*) Cf. «Sappho von e. herrsch. Vorurth. befr.». pp. 104, 107, 124, imprimis p. 109: «Dass 'der R ö m e r, d e r 'm i t d e r  v e r w i r r t e n  F ü l l e g r i e c h i s c h e r  S a g e n  u n d  V o r s t e l l u n g e n  m a c h t e  w a s  i h m b e l i e b t e, s i c h  a n  d i e  K o m ö d i e n  g e h a l t e n, würde gar nicht auffallen».

comoediis ab Ovidio sumpta esse persuasum habent; ita Neue*), Ulrici**), alii, quos recensere longum est. Quae opinio mihi quidem aut prorsus respuenda aut saltem restringenda esse videtur. Quod ita demonstrare conabor, ut primum ostendam, quisnam sit ille alter fons, quem Ovidius ex mea sententia adire potuerit, tum vero fragmenta comoediarum, quae huc referuntur, perlustrans investigem, quid inde ad recentiorum opinionem sustentandam afferri posse videatur.

Ea, quae supra exscripsimus, Ovidius multo commodius sibi comparare potuit, quam ut idcirco haud parvum Atticarum comoediarum numerum excuteret. Constat enim Alexandrinos grammaticos, a quibus Sapphonem quoque in illum canonem receptam eiusque carmina in novem libros distributa esse in 'vulgus notum est, et librorum in bibliothecis Alexandrinis asservatorum indicibus, qui πίνακες appellabantur, vitas scriptorum breviter enarratas inseruisse, et cum ipsis scriptis coniunctas edidisse, quas aut ex antiquioribus vitarum scriptoribus depromptas in breve redigebant, aut res ab auctoribus de ipsorum vitis relatas colligentes ipsi conficiebant***). Quae cum ita sint, quid est quod obstet, quominus Ovidium id genus Sapphus vita usum esse concedamus? Quod cum minime, si rem ipsam spectas, absurdum dicere possis, aliquot vestigiis insistentes verisimile efficere studebimus.

---

*) V. l. l. p. 5: «Iniquam de poetria opinionem, quam ex c o m o e d i i s s p e c t a t i s l e c t i t a t i s q u e homines imbiberant, suo ingenio blandientem expressit Ovidius in Epistola».

**) In libro qui inscribitur: Geschichte der hellen. Dichtkunst. T. II, p. 361, ann. 117: «A u s i h n e n—comicos poetas dicit—s c h ö p f t e O v i d u n-s t r e i t i g d a s M e i s t e, womit er in jener Epistel den Ruf der Sängerin befleckt».

***) Cf. Bergkii Griech. Literaturgeschichte T. I, p. 274, et D. Volkmanni de Suidae biographicis dissertationem, quae exstat in Symbolis phil. Bon., imprimis haec verba (p. 729): «De vitis poetarum, quorum carmina grammaticis maxime curae fuerunt.., commentarios aut prologi aut epilogi instar libris ipsis insertos fuisse colligo».

num poetriae $\mathring{\eta}\vartheta o \varsigma$ depingendum minime idoneum fuisse facile concedes \*).

Attamen ne hoc quidem, quamquam per se verisimile est, tenendum esse videtur, quoniam vestigiis quibusdam ductus investigasse mihi videor Ovidium non ex comoedia, sed, ut Antiphanem quoque, a S a p p h o n e i p s a imaginem suae epistulae mutuatum esse, cuius carmen alter irridebat, alter imitando exprimebat. Nam inter poetriae reliquias aliquot fragmenta ita conformata sunt, ut ea ex epistula Sapphicis strophis conscripta petita esse haud absurdum dicas. Huc spectare videntur fragg. 22, 21, 23 a Bergkio probabiliter Sapphoni ascripta, ubi poetria amatum sui oblitum alius hominis amore teneri seque desiderio eius enecari queritur:

---

\*) Appono et propositum et solutum aenigma:

> Ἔστι φύσις θήλεια βρέφη σώζουσ' ὑπὸ κόλποις
> αὑτῆς, ὄντα δ' ἄφωνα βοὴν ἵστησι γεγωνὸν
> καὶ διὰ πόντιον οἶδμα καὶ ἠπείρου διὰ πάσης
> οἷς ἐθέλει θνητῶν, τοῖς δ' οὐδὲ παροῦσιν ἀκούειν
> ἔξεστιν· κωφὴν δ' ἀκοῆς αἴσθησιν ἔχουσιν.

---

> Θήλεια μέν νύν ἐστι φύσις ε π ι σ τ ο λ ή,
> βρέφη δ' ἐν αὐτῇ περιφέρει τὰ γράμματα·
> ἄφωνα δ' ὄντα ταῦτα τοῖς πόρρω λαλεῖ
> οἷς βούλεθ' ἕτερος δ' ἂν τύχῃ τις πλησίον
> ἑστὼς ἀναγιγνώσκοντος οὐκ ἀκούσεται.

**Magna** similitudo intercedit inter aenigmatis verba: ταῦτα τοῖς πόρρω λ α λ ε ῖ et Ovid. epist. versum paenultimum:

> Hoc saltem miserae crudelis e p i s t u l a d i c a t.

**Attamen** ex hac similitudine vix quidquam concludi potest, quoniam similis locutio alibi quoque exstat, ut Eurip. Iphig. Taur. v. 641 sq.:

> καὶ δ έ λ τ ο ς αὐτῷ ζῶντας οἷς δοκεῖ θανεῖν
> λέγουσα πιστὰς ἡδονὰς ἀ π α γ γ ε λ εῖ.

**Ibid.** 763: αὕτη (sc. ἡ γραφή) φ ρ ά σ ε ι. Hippol. Coronif. 865: τί λ έ ξ α ι δ έ λ τ ο ς ἥδε μοι θέλει.

$$\dots \dots \tau i\nu' \; \mathring{a}\lambda\lambda o\nu$$
$$\dots \mathring{a}\nu\vartheta\rho\acute{\omega}\pi\omega\nu \; \mathring{\varepsilon}\mu\varepsilon\vartheta\varepsilon\nu \; \varphi\acute{\iota}\lambda\eta\sigma\vartheta\alpha$$
$$\dots \dots \mathring{\varepsilon}\mu\varepsilon\vartheta\varepsilon\nu \; \delta'\mathring{\varepsilon}\chi\varepsilon\iota\sigma\vartheta\alpha$$
$$\lambda\tilde{\alpha}\vartheta o\varsigma \dots$$
$$K\alpha\grave{\iota} \; \pi o\vartheta\acute{\eta}\omega \; \varkappa\alpha\grave{\iota} \; \mu\acute{\alpha} o\mu\alpha\iota \dots \text{*)}$$

Quae cuncta ad eiusmodi epistulae argumentum quadrare nemo negabit. Quae sententiae cum, ut iam supra ostendimus, in Ovidiana epistula imitando expressae sint, primum inde sequitur eas a Sapphone quoque in eiusmodi epistulae formam induto carmine adhibitas esse; porro autem, quoniam Ovidius Sapphonem ad Phaonem epistulam scribentem facit, poetriae quoque ipsum carmen ad Phaonem scriptum ponere poteris.

Attamen non solum ex poetriae fragmentis cum Ovidiana epistula collatis colligi potest a Sapphone eiusmodi epistulam scriptam esse: aliud quoque vestigium exstat, quod recte intellectum eodem pertinere mihi videatur. In aliquot enim huius Heroidis libris manuscriptis haec epistula ab Ovidio e Graeca lingua in latinam versa esse dicitur. Ita in codice Harleiano ipsi epistulae haec praefatio praemissa est (v. Vries. l. l. p. 7): „Circa lesbie Saphos mitilene epistolam ad phaonem dilectum suum scriptam. Magna extitit contencio quis hoc insigne opus e greco in latinum transtulerit quamvis aduc in dubio id volvatur coniecturis tum ad id ventum est, quod ovidius sulmonensis is siet qui transtulerit". Idem in codice Parisino (p) legitur, v. supra p. 6 extr. sq. Quae ita mihi interpretanda esse videntur: Antiquioribus temporibus, cum Sapphus carmina

---

*) Sane miro modo factum est ut iam Bergk tamquam divinando praeripiens nostram coniecturam haec fragmenta fere ita enumeraverit, ut nobis Ovidiana epistula fretis coniungenda esse videantur.

nes quocumque modo insignes vinculo quodam, nonnunquam temporum rationibus neglectis, coniungere studebant.

Quaedam eorum, quae de Sapphone comperta habemus, omnibus fontibus communia sunt: ita A t t h i d i s nomen et apud poetriam (fragg. 33, 41) et apud Ovidium (v. 18) et apud Maximum Tyrium (l. l. c. 9) et apud Suidam legitur; C l e i d i s f i l i a e, cuius nomen apud Suidam quoque exstat*), ipsa frag. 85 mentionem facit; etiam Ovidius vv. 70, 120 et Maximus Tyrius l. l. (cf. frag. 136) filiam poetriae memorant nomine omisso**). C h a r a x i denique poetriae fratris Rhodopidem perdite amantis in Sapphus carminibus nomen exstabat (cf. frag. 138), quod Ovidius quoque (v. 117) et Suidas l. l. memoriae prodiderunt.

Iam ex iis quae exposuimus concludi potest Ovidium praeter ipsa Sapphus carmina non Atticorum comoedias, sed tantum poetriae vitam quandam ab Alexandrino grammatico, fortasse a Callimacho, conglutinatam adire atque inde quaedam delibare potuisse, quae ab iis, quae a Maximo Tyrio atque Suida relata sunt, propterea non discrepant, quod hi quoque ex eodem fonte hausisse videantur.

Restat ut perscrutemur, quid Ovidio G r a e c a e c o m o e d i a e suppeditaverint, quantum ex r e l i q u i i s e a r u m c u m e p i s t u l a e v e r b i s c o m p o s i t i s cum verisimilitudinis specie quadam concludi potest. Sane concedendum est comoedias quoque multa, quae ad poetriae ingenium illus-

---

*) Θυγατέρα ἐποιήσατο ἐξ αὐτοῦ (sc. τοῦ Κερκύλα), ἣ Κλεὶς ὠνομάσθη.

**) Minus probabiliter Sittl in libro qui inscribitur Geschichte der griechischen Literatur T. I, pp. 326, 329 Cleidem non filiam, sed amicam Sapphus fuisse contendit; cf. infra p. 87.

trandum pertinerent, Ovidio praestare potuisse; at quaeritur,
num ea, quae a comicis cachinni commovendi causa prolata
essent, poetae popularibus suis non depravatam, sed veram
poetriae imaginem genuinumque eius ἦϑος depicturo, usui
fuerint? Minime. Quod non minus absurdum esset, quam si
quis Socratis ingenium vitamque descripturus ad Aristophanis
Nubes converteretur indeque hauriret. Quod recentiores homines docti non ut par erat recordati comicorum commentis
tantas partes inter Ovidianae epistulae fontes assignare non
gravati sunt. Cum vero omnium quae huc referri possunt
comoediarum aut soli tituli*), aut ubi plurimum, panni quidam
ad nos pervenerint, ex quibus rarissime aliquid certi de totius
dramatis argumento enucleari potest, recentiores coniciendo
atque fingendo ex illis frustulis totas fabulas comminiscentes
credulis pro veris venditant. In quorum numero unum est,
quod notandum esse censeo: Lesbii criminis, quod Ovidium
comoediis usum vv. 19, 201 poetriae obiecisse credunt, in
omnibus comicorum Graecorum fragmentis, qui Sapphus personam induxerunt, ne uno quidem verbo mentio facta est.
Quibus praemissis iam ad singula convertamur**).

Ex sex comoediis, quae Sapphus nomine inscriptae
erant, Amipsiae, Amphidis, Ephippi dramatum reliquiae tam
ieiunae sunt, ut inde de comoediarum argumentis nihil concludi possit***). De Antiphaneae Sapphus fragmento, quod primo
aspectu Ovidium imitatum esse suspicari potes, iam supra
disseruimus****). Restant Diphili et Timoclis fabulae, quae a

---

*) Tituli eorum dramatum sunt tres: Sappho, Phaon, Leucadia.
**) Valde doleo, quod mihi Ribbeckii commentatione «Die Parodien bei den
attischen Komikern. 2. Theil», in annalibus Zeitschrift für das Gymnasialwe-
sen XVII (1863) pp. 321—348 impressae, uti non licuit.
***) Vide Meinekii Fragg. Com. Gr. II, p. 707; III, pp. 315, 338,
****) Cf. p. 39 sq.

Sapphone nomen habuerunt: ad alterius comoediae fragmentum infra revertemur*); inter Diphili vero duo fragmenta (v. apud Meinek. l. l. vol. IV, p. 409) et Ovidianam epistulam nulla similitudo intercedit.

Sequitur Platonis comici P h a o n **). Cuius fabulae si et argumentum et fragmenta perscrutabimur, ab Ovidio inde Phaonem desumptum esse vix statuemus, cum Phaon, quem Sappho epistulae v. 145 d o m i n u m s i l v a e appellat, in comoedia pauper n a v i c u l a r i u s f u i s s e videatur ***). In duodecim vero eius comoediae reliquiis a Meinekio l. l. II pp. 672—678 collectis data opera nihil eiusmodi indagari potest, quod apud Ovidium recurrat.

Praeter has fabulas sub finem inspiciamus fragmenta earum, quibus L e u c a d i a e nomen inditum erat. E quarum

---

*) V. p. 82 sq.

**) Antiphanis Phaon huc referri non potest, quoniam in illa comoedia non hic noster Phaon, sed ieiunus Pythagoreus in scaenam inductus esse videtur; cf. Meinek. l. l. vol. I p. 323 et Kock. Comicorum gr. fragg. II, 1, p. 104 Quod animadvertere non supervacaneum esse censui, cum homines litterati, ut Flach l. l. p. 490, Sittl l. l. p. 326, Wharton l. l. p. 38 nostrum Phaonem a comico irrisum esse credere videantur.

***) Argumentum eius comoediae videtur servatum esse a Palaephato de Incred. c. 49 (v. Bergk. frag. 140), vel in brevius redactum a Servio (ad Verg· Aen. III, 279): «Phaon»—inquit hic—«cum esset n a v i c u l a r i u s, solitus a Lesbo in continentem proximos quosque mercede transvehere, Venerem mutatam in anus formam gratis transvexit; quapropter ab ea donatus unguenti alabastro, cum se in dies inde tum ungeret, feminas in sui amorem trahebat». Quod argumentum minime «antiquam fabulam quandam Lesbi insulae propriam» redolere, sed a comico fictum esse mihi videtur. Simili modo a C r a t i n o q u o q u e i p s o f i c t u m e s s e puto, quod de Phaone a Venere in lactuca occultato narravit (v. Athen. II p. 69 D, coll. Meinek. l. l. II, p. 178): ut enim in Platonis Phaone (v. Meinek. l. l. II p. 672 sq.) ὑ π ο β ι ν η τ ι- ῶ ν τ α βρώματα recensebantur, ita ex contrario a Cratino Venus Phaonem in iis herbis occultans inducebatur, quibus viri ad coitum e n e r v a r i antiquitus credebantur.

Palaephato autem accidit idem atque plurimis recentiorum, ut Phaonem illum, qualis a c o m i c i s f i c t u s e r a t, c u m v e r o c o n f u d e r i t: nam ad illud ex comoedia desumptum argumentum e x s u o haec addidit: οὗτος ὁ Φάων ἐστίν, ἐφ᾽ ᾧ τὸν ἔρωτα αὐτῆς ἡ Σαπφὼ πολλάκις ᾆσμα ἐποίησεν.

numero Alexidis Amphidisque comoediarum fragmenta ita
comparata sunt, ut ex iis de fabularum argumentis nullam
coniecturam facere possis\*). Superest sola Menandri Leucadia, quo fonte Ovidium in compingenda epistula usum esse
opinantur. Quae opinio quam futilibus argumentis nitatur,
statim videbimus. Ex Menandri fragmento a Strabone X, c.
452 servato (v. Meinek. l. l. vol. IV, p. 158) summa cum
verisimilitudine concludi potest in illo dramate S a p p h u s
n u l l a s  p a r t e s  f u i s s e  et tantum tamquam in praetereundo i n i t i o  c o m o e d i a e  p o s t  p r o l o g u m  f a m a e
d e  p o e t r i a  d e  L e u c a d i o  p r o m u n t u r i o  s a l t u
d e m i s s a  m e n t i o n e m  f a c t a m  e s s e. En illa Menandri de Sapphone verba sexcenties decantata:

$$Ο\ddot{υ}\ \dot{δ}`\ \dot{λ} ε γ ε τ α ι\ πρώτη\ Σαπφὼ$$
$$τὸν\ ὑπέρκομπον\ θηρῶσα\ Φάων`$$
$$οἰστρῶντι\ πόθῳ\ ῥῖψαι\ πέτρας$$
$$ἀπὸ\ τηλεφανοῦς.$$

Quae verba si i n  p r o l o g o  posita essent, tum sane concedi
posset poetam eos qui spectabant de fabulae argumento, quod
tractaturus erat, edocere voluisse; cui tamen adversari videtur
scholion in Hephaestionem (v. Westphal. Scriptt. metr. gr.
p. 223), ubi scholiasta hos anapaestos εἰςβολὴν τῆς Λευκα-
δίας Μενάνδρου appellasse videtur, quam vocem Meineke
l. l. I p. 443 ʽproximum locum p o s t  p r o l o g u m', itaque
iam i p s i u s  d r a m a t i s  i n i t i u m significare testis est;
cf. ibid. vol. IV, p. 159.

Ad argumentum huius fabulae restituendum a recentioribus plerumque Servii locus supra allatus accitur, ubi haec
sequuntur: „In queis (sc. feminis amore in Phaonem flagrantibus) fuit u n a, quae de monte Leucate, cum potiri eius

---

\*) V. Meinek. l. l. III pp. 311, 442.

nequiret, abiecisse se dicitur". Itaque illam u n a m Sapphonem fuisse coniciunt. At hoc non dictum est, neque verisimile esse puto Servium, cui poetria minime ignota erat, ita
locuturum fuisse, ut id in incerto reliquerit, si illa 'una' Sappho fuisset; tum ·vero ex illis verbis πρώτη Σαπφώ potius
concludi posse videtur de a l i a femina in hoc dramate sermonem
esse, quae Sapphus exemplum secuta sit. Porro ⸢autem Turpilii
fragmenta, a quo Menandri Leucadia latine reddita est, non
feminae, sed v i r i cuiusdam insano amore perculsi primas
partes in ea fabula fuisse docent; cf. Cic. Tusc. disp. IV, 34,
72 sq. Quae cuncta documento sunt et argumentum Menandreae Leucadiae aliud fuisse quam quod ei vulgo substituitur,
neque Ovidium quidquam ad epistulam componendam inde
haurire potuisse*).

Haec fere sunt, quae nobis comicorum poetarum fragmenta perscrutantibus ad quaestionem de rerum ad Sapphus vitam
pertinentium fontibus solvendam spectare videantur. Quibus
perpensis facere non poteris, quin illam pervulgatam opinionem de Ovidiana epistula ineptiarum a comicis fictarum
referta missam facias ipsique epistulae auctori, utpote qui ex
fonte commentorum limo minime inquinato hauserit, plus
fidei, quam hucusque fiebat, habere audeas.

———

Iam igitur absoluta hac priore nostrae commentationis
parte, qua in Sapphus epistulae Ovidianae fontes accuratius
inquirere nobis propositum erat, paucis repetere liceat, quae in
Romani poetae epistulam Sapphus scribentis φροντιστήριον
protervius inspicientes didicerimus. Itaque vidimus Ovidium

———

*) Iam Meineke l. l. p. 159 de illa Serviana narratione haec: «Num
vero—inquit—omnia ista, quae de Phaone tradit Servius, ex Menandri fabula
adumbrata sint, dubitare licet».

in Sapphus carminibus ediscendis occupatum in
ceterorum numero unum epistulae quodammodo simile, ubi
poetria maestitia afflicta absentem Phaonem alloqueretur, ita
adamasse, ut id ad imitandum sibi proposuerit; quem tamen,
quo propius atque verius Sapphus ingenium describeret, non
solum illud carmen, sed etiam alia perscrutatum inde plurimas res sententias locutiones decerptas latine vertisse atque
in suum carmen transtulisse, alia mutato poetriae rerum
statu ipsa quoque commutata e contrario descripsisse, ita ut
legentibus ut ita dicam Sapphonem ipsam latine loquentem
induxerit. Porro autem praeter Sapphus carmina Ovidium
brevem quandam p o e t r i a e v i t a m, ab Alexandrino grammatico conglutinatam, quae ipsis carminum libris praemissa
erat, in compingenda epistula adiisse coniecimus; postremo
autem loco e p i g r a m m a t u m G r a e c o r u m imprimis
amatoriorum complura vestigia in epistula deprehendi posse
planum fecimus. Quae cuncta a Romano poeta in rhetorum
scholis versato in brevius contracta aut aucta amplificataque
sunt. Cum vero recentiores homines docti aliis fontibus auxi-·
liisque in illa epistula scribenda Ovidium usum esse conten-
dant, ne incerti haereremus, eorum sententiae nobis exami-
nandae erant. Quo officio ita functi sumus, ut primum Birtii
compluribus locis allatis, qui Ovidium C a l l i m a c h i A e t i a
compilasse coniecerat, et cum Romani poetae verbis compo-
sitis Ovidiana propius ad Sapphica quam ad Callimachea
accedere ostenderimus. Postremo autem divulgatissima eorum
opinio nobis ponderanda fuit, qui Ovidium nonnullas G r a e-
c o r u m c o m o e d i a s, quae ad Sapphus historiam pertine-
bant, diligentissime lectitasse indeque plurimas res ad poetriae ingenium describendum facientes deprompsisse persuasum
habent. Attamen ne his quidem commoti sumus, ut nostram
opinionem missam faciamus: in omnibus enim Graecorum

comicorum fragmentis, quae huc referuntur, nihil a nobis investigari potuit, quo illa opinio hominum litteratorum mentibus insita fulciri sustentarique posset. In qua re nobiscum unumquemque facturum esse putamus, qui incertis certiora praeponere satius ducit.

Firmissimo autem documento ad demonstrandum Ovidium sua neque ipsum finxisse neque e comoediis hausisse id esse putamus, quod ne unum quidem nomen, ne una quidem res apud Romanum poetam a quoquam inveniri potuit, quae eum mendacii convinceret vel temporum rationibus quodammodo adversaretur. Quod minime accidisset, si poeta aut ipse finxisset aut eiusmodi fontem in componenda epistula adiisset.

Cum igitur a nobis demonstratum sit, quomodo epistula Ovidiana orta et concinnata esset, restat ut doceamus, quid emolumenti ex hac nostra minutissima lucubratione percipi posse opinemur. Primum igitur inde sequitur Sapphus epistulam Ovidianam, quippe quae pretiosissimas Sapphicae poeseos reliquias multasque res ad poetriae vitam pertinentes amplexa sit, plurimi faciendam esse. Itaque iam supersedebis illud quaerere, u n d e  O v i d i u s  s c i a t, quae aliunde nobis ignota unus narret *), bonaque fide Sapphus vitam describens inde haurire poteris. Porro autem ad Ovidii ipsius carminum pangendorum viam atque rationem subtilius cognoscendam et poeticam indolem accuratius aestimandam nostram disquisitionem aliquid afferre et illius latissime patentis quaestionis de Romanorum litteris e Graecis pendentibus nos quoque particulam solvisse benevole largieris. Quae gravissima esse censemus. Ut vero ii qui antiquitati studentes saepissime in effodiendis aedium fundamentis tamquam in praetereundo

---

*) Cf. v. 17 (de Cydnone); v. 61 sq. (de Sapphus patre); v. 167 sqq. (de Deucalione).

alias quoque res, quas minime quaerebant, in lucem proferre solent, ita nobis quoque contigit, ut quaedam observaverimus, quae nullius momenti esse minime dices: ita epistula freti Sapphoni adespota fragmenta quaedam vindicabamus, alia corrigebamus vel explicabamus, cum Ovidiana verba imitando expressa ad sententiarum nexum in Sapphus carminibus divinandum tamquam ansas nobis dedissent *). Cum denique in hac epistula eadem poetae imitandi ratio reperiatur atque in ceteris Heroidibus, quarum Ovidiana origo procul dubio est, consentaneum erit, ut Sapphus quoque epistulam genuinum Nasonis opus esse agnoscas.

Quamobrem non est, cur vereamur, ne laborem a nobis susceptum ubere fructu carentem supervacaneumque statuas.

## Appendix.

Cum supra ne unum quidem satis certum vestigium comoediarum ab Ovidio in componenda epistula adhibitarum reperire potuerimus, apud alios scriptores nonnulla exstare, quae ex illo fonte fluxisse videantur, minime

---

**) In hac re opiniones recentiorum valde fluctuant, qui ea verba, quae ex ipsorum sententiis Sapphonem minus decere videantur, plerumque ita explicare conentur, ut poetriam non suos, sed alius cuiusdam puellae affectus describere statuant. Quod quam perversum sit, hoc loco paucis expediam. Constat enim inter duo illa melicae poesis genera id discriminis intercedere, ut in choricis quidem carminibus, qualia sunt Alcmanis, Stesichori, aliorum, multa argumenta ex epica poesi desumpta occursent, ubi poetae, quae alii homines senserint, in medium proferant; earum autem odarum, quae lyricae κατ’ ἐξοχήν appellantur, proprium est ea versibus amplecti, quibus ipsius poetae animus imbutus sit, quae ipsum laetitia aut maerore afficiant. Itaque cum Sappho (carminibus nuptialibus exceptis) non choricas odas, sed tantum monodias scripsisset, illa argumenta in eius carminibus sedem habere non potuerunt. Quod optime C. O. Müller (GdgL. p. 296) perspexit atque his verbis expressit: «Bei der Sappho ist die Poesie ganz Sache des Innern und sie spricht keine Gefühle aus als wirklich erlebte und erfahrene». Quae cum ita sint, illam recentiorum interpretandi rationem a vero longissime recedere·mihi concedes.

est negandum. Huc imprimis duo Suidae loci referendi sunt,
e quibus ab antiquorum quibusdam non unam Sapphonem,
sed duas fuisse memoriae proditum esse discimus. Quorum
locorum priore, assuto iis quae Suidas s. v. Σαπφώ de
poetria narravit, haec legimus: Σαπφώ, Λεσβία ἐκ Μιτυ-
λήνης, ψάλτρια. αὕτη δι᾽ ἔρωτα Φάωνος τοῦ Μιτυ-
ληναίου ἐκ τοῦ Λευκάτου κατεπόντωσεν ἑαυτήν. τινὲς
δὲ καὶ ταύτης εἶναι λυρικὴν ἀνέγραψαν ποίησιν. Altero
autem loco (s. v. Φάων) exstant haec: Τοῦ Φάωνος ἐρασ-
θῆναί φασι σὺν πολλοῖς καὶ Σαπφώ, οὐ τὴν ποιήτριαν
ἀλλά Λεσβίαν, καὶ ἀποτυγχάνουσαν ῥῖψαι ἑαυτὴν ἀπὸ
τῆς Λευκάδος πέτρας. Priusquam ad explicandam de Sapphus persona controversiam accingamur, quae ex utroque loco
nascitur, non supervacaneum esse putamus posterioris loci mendum corrigere, quod nondum sublatum esse opinamur: vocabula enim ποιήτριαν et Λεσβίαν inter se non sunt contra-
ria, cum poetria quoque, Ereso oriunda, Λεσβία fuerit. Quapropter posteriorem vocem corruptam esse non est quod
infitieris. Itaque priorem locum respiciens pro Λεσβίαν scri-
bendum esse ψ ά λ τ ρ ι α ν proposuerim, qua lectione
accepta omnia recte sese habent.

Iam quaeritur, quid de hac altera Sapphone—psaltriam
dico—statuendum sit? Ex prioris Suidae loci verbis: τινὲς δὲ
καὶ ταύτης εἶναι λυρικὴν ἀνέγραψαν ποίησιν sequitur
iam antiquitus de Sapphone psaltria dubitatum esse; recentiorum vero plerique hanc Sapphonem a Graecis litterarum
historiae scriptoribus fictam esse persuasum habent, cui omnia, quae poetriam minus decere viderentur, assignari pos-
sent *). Quae opinio an accipienda sit, dubito: non enim ab
h o m i n i b u s  l i t t e r a t i s, sed a c o m i c i s  p o e t i s

---

*) Cf. e. g. Schöne l. l. p. 760.

hanc Sapphonem fictam, ab illis vero e comoediis desumptam
esse a veritate non abhorrere mihi videtur. Supra enim planum fecimus inter Sapphus carmina, quae ad Phaonem perti-
nebant, unum fuisse, ubi Naias poetriae suaderet, ut saltu
de Leucade tentato insano amori mederetur; cuius carminis
et particulam inter poetriae fragmenta servatam et argumentum ab Ovidio vv. 157—175 imitando expressum epistulaeque
intextum esse ostendimus. Ex hoc ipso carmine fama illa
oriri potuit Sapphonem re vera Naiadis consilio obsecutam
de illo promunturio in mare se praecipitasse *); porro autem idem carmen comicis quoque ansam dedit, qua arrepta
Sapphonem psaltriae personam indutam profugum amasium
sectantem in scaenam inducerent desperatoque successu illud
periculum subeuntem facerent**). Ita simplicissime illa quaestio
solvi potest. Illam enim de poetriae Leucadio saltu narrationem minime veritate niti multis argumentis iam ante nos
ab aliis prolatis demonstrari potest: primum enim mirum est
neminem veterum memoriae prodidisse, qualis eventus illud
audax Sapphus facinus secutus esset; porro in indice eorum,
quos illud periculum subiisse antiqui referebant, Sapphus

---

*) Cf. Neue l. l. p. 6.

**) Quodsi in universum clarius designatum habere velis, quae ut ita
dicam necessitudo inter Sapphus carmina (A), Atticorum comoedias (𝔄), et
Ovidianam Sapphus epistulam (a) intercedat, duo stemmata tibi apponimus,
quorum priore plurimorum e recentioribus sententia, posteriore autem nostra
propius declaratur:

| I | II |
|:---:|:---:|
| A | A |
| 𝔄 | 𝔄  a |
| a | |

nomen deerat *); postremo autem epigrammatum scriptores poetriam in Lesbo insula humatam esse testantur **). Quod autem Servius Leucade templum a Phaone Apollini Leucadio dedicatum esse testatur ***), non magni faciendum est; fieri enim potuit, ut incolae eius loci, imprimis Apollinis sacerdotes, quo templum sub antiquitatis specie magis reverendum efficerent, illa fama de Sapphone avide arrepta et in usum suum conversa a Phaone conditum esse ipsi finxerint. Quae si nobiscum posueris, non erit, cur non assentiaris Paulidi, poetriae populari, qui suam de Sapphone dissertationem ****) ita exorsus est: *Μία καὶ μόνη ἐγένετο Σαπφώ.*

---

*) V. apud Wharton. l. l. p. 18.

**) Cf. Antipatr. Sid. (Anthol. Pal. VII, 14); Tull. Laur. (ibid. 17).

***) Ad Verg. Aen. III, v. 279: «Menander et Turpilius comici a Phaone Lesbio id templum conditum dicunt».

****) *Σαπφώ ἡ Μυτιληναία.* (Lipsiae, a. 1885).

# PARS POSTERIOR.

## SAPPHUS NOTITIAE COMPLENDAE

### CORRIGENDAEQUE EXPERIMENTUM.

Ἡμεῖς δὲ κλέος οἶον ἀκούομεν οὐδέ τι ἴδμεν.
Hom. Il. II, 486.

Cum tanto locorum ex Sapphus carminibus desumptorum numero collecto penitus perspexerimus planeque cognoverimus Ovidium Sapphus epistulam compositurum ad poetriae carmina accurate ediscenda sese convertisse, ipsa epistula longe maximi momenti inter testimonia ad poetriam spectantia habenda est. Itaque iecimus haud infirmum fundamentum, in quo insistentes salva ratione in multis iisque gravissimis de poetria quaestionibus solvendis multo verisimilius iudicium ferre possimus, quam adhuc fiebat, cum homines litterati, imprimis recentiores, falsis opinionibus seducti eo quod gravissimum erat testimonio resputo certatim coniciendo et ex silentio auctorum concludendo ad veritatem propius accedere conarentur *). Iam igitur ad singula accedamus. Sane non habemus in animo totam de poetria opinionum farraginem recensere — (sunt enim quaedam eiusmodi, ut ne his quidem auxiliis adhibitis quidquam profici posse videatur) — ; at volumus imprimis ea seligere, quae ex Ovidiana epistula ducta

---

*) Facere non possum, quin Welckeri illius ingeniosissimi poetriae patroni sententiam apponam, quae in universum dicta hac quoque nostra disquisitione optime probatur; cuius verba sunt (v. Kl. Schriften II p. 129): «Auf jede grössere und tiefer begründete Wahrheit beziehen sich immer viele untergeordnete Dinge ... Es ist der Nebenvortheil der einfach richtigen Wahrnehmung, dass sie zur sicheren Berichtigung vieler andern Umstände und Beziehungen Veranlassung giebt».

recentiorum de poetria sententiis ut ita dicam recta fronte repugnant; quas ipsas spectatas n o v i s  a r g u m e n t i s refellere conabimur.

Itaque primo loco ad illam d e  P h a o n e controversiam dirimendam convertemur, quem ab Ovidio ex Sapphus carminibus desumptum esse statuimus. At recentiorum plurimi Phaonem unquam fuisse negant eiusque personam tantum ab Atticis comoediarum scriptoribus fictam esse persuasum habent *). Quae opinio eo facilius in hominum doctorum mentibus radices egit. quod Phaonis nomen in Sapphus fragmentis nusquam legitur, Palaephati autem de eo testimonium, utpote qui auctor aetate inferior sit, leve nec satis fidum putatur (v. p. 54 extr.). Ubi vero poetria pulchrum quendam iuvenem alloquitur, ea verba ad alium quendam ab hominibus litteratis referuntur, ut frag. 29, quod supra cum Bergkio de Phaone dictum et ab Ovidio imitando expressum esse ostendimus, Schoene l. l. p. 742 ad Larichum poetriae fratrem spectare putat **).

Quae recentiorum sententia multis nominibus impugnari et labefactari posse nobis videtur. Primum enim quod ad id attinet Phaonis nomen in Sapphus fragmentis hodie non exstare, hoc forte accidere potuit; nam Bathylli quoque, pueri ab Anacreonte amati, nomen in huius fragmentis non exstans ab antiquissimo teste Horatio Epod. XIV, 9 servatum est ***), neque quisquam unquam de eo dubitavit. Porro Lycus quoque Alcaei, quem a poeta celebratum esse Horatius Carm.

---

*) V. C. O. Mülleri Geschichte der griech. Litt. ed. 4, t. I p. 291 sq., Kock. l. l. passim, Flach., qui Chron. Par. p. 18 ann. ad v. 51 haec: «Phaoni—inquit—nullum apud antiquiores locum fuisse constat», alios; cf. infra p. 93. Comparettii lucubrationem «Saffo e Faone dinanzi alla critica storia» (Firenze, 1876) non inspeximus.

**) Bergk hoc unum frag. 29 (coll. 140) ad Phaonem spectare statuit; nos autem Ovidianam epistulam potissimum secuti haec frustula e carminibus, quae ad Phaonem referebantur, ducta esse censemus: fragg. 21—23; 110; 115; 126; ex adespotis vero 56 A, B; 76. De frag. 75 v. infra p. 73*).

***) «Non aliter Samio dicunt arsisse Bathyllo
    Anacreonta Teium».

I, 32, 11 testatur *), semel tantum frag. 58 ab ipso comme·
moratur, ubi lectio ne certa quidem esse videtur. Itaque quam
fidem Horatio habemus, in simili quaestione cur Ovidium ea non
dignum ducamus, non video. Quamobrem Bergk iure mihi
videtur illud fragmentum ad Phaonem retulisse. Porro autem
non est verisimile comicos poetas Phaonis personam ipsos
finxisse; quod si fecissent, eorum commentum omni ironica
vi careret, quam non tam in fingendo, quam in veris pestrin-
gendis atque satirico sale perfricandis constare nemo est qui
nesciat **). Ita e. g. Aristophanes in Equitibus Paphlagonis
nomine non fictam personam quandam, sed Cleonem demago-
gum, in Nubibus Socratem, in Ranis Euripidem irridebat.
Et sane, comicis poetis argumentum haud contemnendum
offerebatur: poetria enim, quam iam

„primae lanuginis aetas

abstulit atque anni, quos vir amare potest“
cedens vi Amoris, quem ipsa ἀμάχανον ὄρπετον esse fatetur ***), Phaonis, iuvenis eximiae pulchritudinis, amore capitur,
qui amore mutuo ei respondet. Iniquo autem casu fit, ut iuvenis ille Lesbo insula repente relicta in Siciliam profugerit.
Cuius repentino neque opinato discessu poetria gravissimo mae-

---

*) «Et Lycum nigris oculis nigroque
        Crine decorum».
**) Cf. Horat. Satir. I. 4, vv. 1—5.
***) Cf. frag. 40:
        Ἔρος δαῦτε μ᾽ ὁ λυσιμέλης δόνει,
        γλυκύπικρον ἀμάχανον ὄρπετον.
Mihi imprimis hoc frag. ad maturiorem poetriae aetatem referendum esse
videtur, qua amoris impetui sese iterum succubuisse ipsa fatetur. Quod primum e δαῦτε voce quodammodo sequitur coll. Horat. Carm. IV, 1 in.:
        Intermissa, Venus, diu
        Rursus bella moves?
Tum ipsum illud ἀμάχανον epitheton significare videtur Sapphonem contra
illum impetum luctari quidem velle, cum ἔσσαν γεραιτέραν minime ‚deceat
amare, attamen frustra: amoris enim vim esse insuperabilem.

rore affecta et luget et in somniis eum videt osculaturque et i n
S i c i l i a m  e u m  s e q u i  v u l t  e t  c o n s i l i u m  c a p i t
a m o r i s  s a n a n d i  c a u s a  d e  L e u c a d i o  p r o m u n -
t u r i o  i n  m a r e  s e s e  p r a e c i p i t a n d i. Quae cuncta
et per se minime absurda sunt et in Sapphus carminibus
descripta legebantur, u t  e x  O v i d i a n a  i m i t a t i o n e
concludi potest *), et a comicis poetis in maius aucta depra-
vataque in scaenam induci poterant. Non autem obliviscendum
est Ovidium carminibus Sapphus usum ea referre, quae poetria
s e s e  f a c t u r a m  e s s e  cecinerat; comici vero et posteriores
ab iisdem carminibus profecti poetriam r e v e r a  et  i n  S i -
c i l i a m  f u g i s s e  e t  d e  L e u c a d i o  p r o m u n t u r i o
s a l t u  s e  d e m i s i s s e  finxerunt**). Utrumque commentum
iam antiquitus pro vero accipiebatur atque propagabatur, ut
multi veterum loci testantur; recentiores autem homines docti
posteriore narratione reiecta priorem de Sapphus in Siciliam
fuga nihilominus amplexi pro vero constare hucusque persuasum habent. Attamen ne hanc quidem tenendam esse ipsis
eorum rationibus perpensis demonstrare tentabimus.

Itaque primo loco gravissimum de poetriae fuga testimonium examinandum erit, quod in Chronico Pario exstat, ubi
v. 51 olim haec legebantur ***):

ΑΦΟΥΣΑΠΦΩΕΓΜΙΤΥΛΗΝΗΣΕΙΣΣΙΚΕΛΙΑΝΕ-
ΠΛΕΥΣΕΦΥΓΟΥΣΑ
. . . . . . . . . ΟΛ . . . . . Θ . . . .

---

*) Cf. vv. 9 sq.; 20 sqq.; 45 sq.; 99 sqq.; 123 sqq.; 52: S i c e l i s  e s s e
v o l o; 157—175.

**) Ad eiusmodi fabularum de antiquis poetis fontem veteres nonnun-
quam recurrisse documento est illa de Hipponactis iambographi morte narratio: cum enim saepius in carminibus de inopia conquestus esset, eum fame
mortuum esse concluserunt (cf. Ovid. Ibid. v. 521). Simili modo Bergk
illius de Stesichori caecitate fabulae originem ad frag. 26 (ed. tertiae) explicabat.

***) Nunc haec verba in marmore Pario iam evanuerunt.

Ultima verba ita corrupta sunt, ut iam Boeckh de eorum
restitutione desperaverit *); Carolus quoque Mueller in Fragg.
histor. gr. T. I p. 581 lacunam probabiliter expleri posse
negavit. Attamen recentiores nihilominus certatim coniciendo
loco mederi conantur Barthélemyi sententiam iam ante hos
centum annos prolatam secuti, qui Sapphonem cum Alcaeo
ceterisque Mitylenaeis nobilibus a Pittaco pulsam in Siciliam
fugisse primus coniecit **). Ita nuper Flach l. l. p. 18 novissimam Θ litteram ex O corruptam esse statuens locum resar-
ciri posse arbitratur, si legas: [σὺν ἄλλοις] ὀλ [ιγαρχι-
χ]ο[ῖς. Quod minime est verisimile; nam et in Sapphus carminibus et in veterum testimoniis ne unum quidem verbum
exstat, quo doceamur poetriam Lesbiorum intestinis bellis se
immiscuisse vel στασιωτικὰ quaedam scripsisse; itaque non
erat, cur a Pittaco patria pelleretur, quem cum in Alcaeum
captum potius magnanimum quam ulciscendi cupidum se
praestitisse constet ignoscere melius ulciscendo ducentem ***),
eo secius credendum est in teneram****) patre orbam poetriam,

*) V. CIG. vol. II, p. 317: «Lacuna vs. 51 expleri nequit.. Fortasse
aliquid de Phaone dictum erat».

**) V. eius annotationem ad «Voyage du jeune Anacharsis en Grèce»
T. I, p. 442 sq. (ed. Hachette, Par. 1881): «L' endroit—inquit—où la chronique
de Paros parle de Sapho, est presque entièrement effacé sur le marbre;
mais on y lit distinctement qu'elle prit la fuite, et s'embarqua pour la Si-
cile. Ce ne fut donc pas, comme on l'a dit, pour suivre Phaon, qu'elle alla
dans cette île. Il est à présumer qu' Alcée l'engagea dans la
conspiration contre Pittacus, et qu' elle fut bannie de
Mitylène en même temps que lui et ses partisans».

***) Cf. Heracliti testimonium apud Diogen. Laërt. I, 76: «Συγγνώμη
τιμωρίας κρείττων».

****) Schoene l. l. p. 759 mittit Sapphonem viginti annos natam in
Siciliam; ex Ovidii vero verbis supra allatis (v. 85 sq.) sequitur eam iam
maturioris aetatis fuisse, cum illam fugam pararet, quod Mure quoque l. l. verbis, «a middle aged woman» statuere videtur; Kock denique l. l. p.
71, quo magis Sapphus in Phaonem amorem a fide abhorrentem efficeret,
poetriam anum plus sexaginta annorum Phaonis amore ardentem
finxit. Iam ipsa haec opinionum varietas illam de Sapphus in Siciliam fuga
famam dubiam reddit.

studiis suis fundamenta Mitylenaeorum reipublicae minime labefactantem tam crudeliter consuluisse*). Denique Sappho apud Ovidium omnes suas calamitates v. 61 sqq. percensens ne uno quidem verbo exsilii sui mentionem facit; quod si viginti annos natae accidisset, Nasonem omissurum fuisse non est verisimìle. Quibus de causis Barthélemyi coniecturam reiciendam esse censeo**). Quidsi nihilominus coniciendo assequi velimus, quae ibi antiquitus scripta fuerint, potius Boeckhium secuti Phaonis mentionem ibi factam esse ponemus et in ολ litteris Cercolae Sapphus mariti vestigia exstare cum Baumgartenio (v. apud Schoenium l. l.) statuentes ita legemus: φυγοῦσα [ἄνδρα Κερχ] όλ [αν πό] θ [ω τοῦ Φάωνος ***). Quibus verbis si eam annorum Marmoris Parii definitionem addemus, quae ex Schoenii docta computatione ad hanc epocham optime quadrare videtur (ἔτη ΗΗΗΔΔΠΙΙΙ), neque litterarum numerus redundabit et vestigiis eorum, quae scripta erant, insistentes locum restituemus. Ceterum non magni refert, quid ibi scriptum fuerit, quoniam tota illa de poetriae in

---

*) Cf. Neue l. l. p. 8.

**) Schoenii quoque lectio respuenda esse videtur, qui l. l. p. 759 haec proposuit: φυγοῦσα [καὶ 'Αλκαῖος] ὁ Λ[έσβιος ἐξέ]θ[ηκε τὰ στασισιωτικὰ ἔτη ΗΗΗΔΔΠΙΙΙ]. Nam ex ea minime apparet et q u e m et q u a d e c a u s a Sappho in Siciliam fugerit et addita verba ὁ Λέσβιος supervacanea sunt, quoniam hoc loco, ubi de Sapphone agitur, nemo de altero illo Alcaeo Messenio, epigrammatum auctore, cogitabit, (de quo v. Bernhardyi l. l. II, 2, p. 760). Porro autem homo doctus multo plures litteras inculcavit, quam quot lacunae amplecti posse videntur: apud Boeckhium enim Θ litteram quinque tantum puncta praecedunt, post eam autem ad finem v. 51 fere viginti litterarum spatium vacuum exstat, quantum collatis ceteris versibus, qui aetatem tulerunt, concludi potest; at Schoene priorem lacunam novem litteris, posteriorem autem viginti sex explevit.

***) Forsitan ante ἄνδρα vocem articulum desideras; at cf. Kruegeri «Griech. Sprachlehre» I, § 50, 3, 8. De C e r c o l a infra plura dicemus. Desiderium vero absentis Phaonis πόθου voce optime exprimi testis est Plat. Cratyl. p. 420 A: πόθος καλεῖται σημαίνων οὐ τοῦ παρόντος εἶναι, ἀλλὰ τοῦ ἄλλοθί που ὄντος καὶ ἀπόντος. Item in Menandreae Leucadiae fragmento supra p. 55 allato dictum est de Sapphone: θηρῶσα Φάων' οἰστρῶντι πόθῳ.

Siciliam itinere narratio non iam propterea, quod in Marmore
Pario legitur, necessario pro vera accipienda est. Cuius Marmoris auctoritas non tanta est, ut ei semper fidem habeamus,
cum inter veras res commenta quoque illuc relata sint, ut ab
hominibus doctis iam non semel animadversum est *); quibus
hoc quoque de Sapphus in Siciliam fuga et causa eius a nobis suppleta testimonium annumerandum esse puto.

Porro etiam ex Sapphus frag. 6:

Ἢ σε Κύπρος καὶ Πάφος ἢ Πάνορμος

de poetriae in Siciliam itinere coniecturam faciunt; ita Bergk
ad hoc frag. poetriam 'Sicularum rerum non expertem' fuisse
ait. At obici potest Sapphoni non fuisse opus i t i n e r e, ut
Panormi Veneris cultum tum floruisse sciret. Quodsi vero eo
argumento utamur, tum eam Cyprum quoque insulam visitasse
concedendum erit. Itaque hoc argumentum ne nauci quidem
faciendum esse contendo originemque geographicorum nominum in Sapphico carmine e communi poetarum usu explicandam esse conseo. Menandro enim rhetore teste invocato-
riorum hymnorum auctoribus usu acceptum stabilitumque erat,
ut deos, ad quos converterentur, variis nominibus ab iis
locis, quae invocatis diis deabusque imprimis placebant, ductis invocarent, quod rhetor ille in universum his verbis prae-
cepit: Μέλλων δὲ πληροῦν τὴν ὑπόθεσιν χρήσῃ ἀνα-
κλητικοῖς ὀνόμασι τοῦ θεοῦ οὕτως, ἀλλ'

---

*) Huc referri potest v. 65 sq. fabula de Stesichori poetae i n G r a e c i a m
i t i n e r e, de quo cf. Flach. l. l. p. 24 et Geschichte d. gr. Lyr. p. 321, ubi
haec legimus: «Die in der Marmorchronik darüber erhaltene Notiz verdient
nicht den geringsten Glauben, da sie gänzlich auf Erfindung zu beruhen
scheint»; porro cf. ibid. p. 326 ann. 1. Ceterum iam Boeckh l. l. p. 303 Marmoris
Parii auctorem «mediocriter doctum hominem fuisse omnisque generis errores
et vitia ab eo commissa esse» ait. Quamobrem non supervacanea sunt, quae
Bergk GLG. I p. 277 monuit: «Die Angaben (sc. des M. P.) sind n u r m i t
V o r s i c h t zu benutzen».

ὦ Σμίνθιε καὶ Πύθιε, ἀπὸ σοῦ γὰρ ἀρξάμενος ὁ λόγος εἰς σὲ καὶ καταντήσει, ποίαις δὲ προσηγορίαις προσφθέγξομαι; οἱ μὲν σὲ Λύκειον λέγουσιν, οἱ δὲ Δήλιον, οἱ δὲ Ἀσκραῖον, ἄλλοι δὲ Ἄκτιον, Λακεδαιμόνιοι δὲ Ἀμυκλαῖον, Ἀθηναῖοι πατρῷον, Βραγχιώτην Μιλήσιοι *). Quem usum a Sapphone quoque non alienum fuisse apud eundem rhetorem legimus **): Μέτρον μέντοι τῶν κλητικῶν ὕμνων ἐν μὲν ποιήσει ἐπιμηκέστερον. ἅμα μὲν γὰρ πολλῶν τόπων ἐκείνοις ἔξεστιν ὡς παρὰ τῇ Σαπφοῖ καὶ τῷ Ἀλκμᾶνι πολλαχοῦ εὑρίσκομεν. τὴν μὲν γὰρ Ἄρτεμιν ἐκ μυρίων ὀρέων, μυρίων δὲ πόλεων, ἔτι δὲ ποταμῶν ἀνακαλεῖ, τὴν δὲ Ἀφροδίτην Κύπρου, Κνίδου, Συρίας, πολλαχόθεν ἀλλαχόθεν ἀνακαλεῖ. Fieri potuit, ut Ovidio quoque Sapphus invocatorium carmen quoddam obversaretur, cum v. 57 scriberet:

„Tu quoque, quae montes celebras, Erycina, Sicanos“.

Cum igitur, ut vidimus, narratio de poetriae in Siciliam fuga ad alia eiusmodi veterum commenta referri posse videatur, Phaonem ipsum in Siciliam profugisse, quod nobis Sapphus epistula testatur, non est negandum. Iam quaeritur, quaenam causa eum ad fugiendum permoverit? Ex epistulae v. 145 cognoscimus silvam quae amantibus refugium praebere solebat, Phaonis fuisse; ex quo concludere licet eum unum ex divitibus Mitylenensibus civibus fuisse. Intestinorum autem bellorum tempore, quibus iam tum Lesbias urbes laborasse ex Alcaei vita cognitum habemus, rerum statu repente mutato fieri potuit, ut Phaon propter imminens

---

*) Vide Spengel. Rhett. graec. T. III p. 445.
**) Ibid. p. 334.

sibi periculum fuga salutem quaesierit; quod urgente tempore
tam rapide fecit, ut Sapphoni ne vale quidem dicere potuerit
(cf. vv. 99 sq., 109). Itaque quod recentiores de Sapphus
fugae causa suspicati sunt, id potius in Phaonem quadrare
videtur *).

Nunc videndum est, quomodo ii, qui Phaonem nullum
fuisse statuant, illam de Sapphus erga Phaonem amore fabulam interpretentur. Qui cum fere omnes a Kockio pendeant,
nos quoque ab eius sententia proficiscemur. Cui a no.mine
ipso exorso $\Phi \acute{\alpha} \omega \nu$ a radice $\varphi\alpha$ lumen significante derivatum idem significare videtur atque $\Phi\alpha\acute{\varepsilon}\vartheta\omega\nu$ **); quae explicatio ansam ei praebet ad illam fabulam interpretandam.
Constat enim Phaethontis nomen non solum Solis Clymenae-
que filio illi imperito Solis equorum aurigae fuisse, sed etiam
interdum ipsum solem eo nomine designari ***). Itaque Kock
pro illo nomine hoc substituto Phaonem Solem intellegendum
esse statuit, ad cuius cotidianum cursum narratione de Phao-
ne naviculario alludatur. Sapphus autem nomen a $\sigma\alpha\varphi\grave{\eta}\varsigma$
adiectivo derivatum lunam significare ei videtur, quae solis
(h. e. Phaonis) splendorem admirata amoreque erga eum capta fu-
gientem ab oriente occidentem versus persequatur usque adeo,
donec spe frustrata de Leucadiae monte in fluctus delapsa
(h. e. occidens) insani amoris flammam restinguat.

---

*) Fieri potuit, ut Phaon seditionibus in Lesbo insula sedatis post lon-
gum temporis spatium in patriam reversus Sapphonem in matrimonium ducere voluerit: at illa, iam aetate provectior, nuptias recusans solam eius
amicitiam petivit eo carmine, e quo frag. 75 depromptum est:

'Αλλ' έων φίλος άμμι . .
λέχος άρνυσο νεώτερον·
οἰ γὰρ τλάσομ' ἔγω ξυνοίκην
νέῳ γ' ἔσσα γεραιτέρα.

**) Utrumque nomen idem significare iam C. O. Müller l. l. p. 292 cen-
suit, Adonidem intellegens.
***) Cf. Verg. Aen. V, 105.

Quae cuncta cum sagacius quam verius a Kockio excogitata esse nemo non videat, nos aliam eamque simpliciorem utriusque nominis proprii explicandi rationem atque viam ingrediemur. Fieri omnino potuit, ut Φάων non genuinum, sed tantum a Sapphone illi p u l c h r o  s u p e r b o q u e  iuveni inditum cognomen esset, in quo p a v o n i s notionem inesse hac ratiocinatione verisimile esse monstrabo. Tryphone grammatico teste apud Graecos pavonis nomen ταῶς vel ταῶν fuit *); quam vocem onomatopoeicam a cantu illi avi inditam esse haud est quod infitieris **). Apud Aeolenses vero, quos et βαρυντικοὺς fuisse et ψίλωσιν illam quae dicitur admisisse constat, secundum dialecti leges ex ταῶν factum est τάων. At in ceteris linguis graecae cognatis prima eius avis nominis littera non dentalis, sed labialis est, ut pavo, pav, pfau ***). Quam litteram Aeolenses quoque ita adamasse, ut eam nonnunquam pro dentali in ceteris Graeciae dialectis exstante posuerint, testantur nomina ut πέσσυρες, πήλυι, σπόλα, πέμπε, v. Meister. DgD. p. 114 sq. Quibus comparatis *πάων quoque admitti potest et tenui π per illam Graecorum 'vulgarem aspirationem' in φ mutata, cuius exempla sunt Φερσεφόνη, Φίττακος (cf. Meister. ibid. p. 120), id quod quaerimus nomen obtinemus****). Ab amantibus vero haud

---

*) V. Athen. IX, 397 E: ταῶς δὲ λέγουσιν Ἀθηναῖοι, ὥς φησι Τρύφων, τὴν τελευταίαν συλλαβὴν περισπῶντες καὶ δασύνοντες... λέγουσι δὲ καὶ τὴν δοτικὴν ταῶνι.

**) Perversam eius vocabuli derivationem apud Athen. l. l. legimus: ὠνόμασται δὲ ταῶς ἀπὸ τ ά σ ε ω ς τῶν πτερῶν.

***) Cf. Curt. Grundzüge p. 495 et Miklosich. Etymol. Wörterbuch der slav. Spr. s. v. pavu. Idem testatur apud recentiores quoque Graecos pavoni nomen esse πάβονι, πάγονι.

****) Hehn (Kulturpflanzen u. Hausthiere p. 292) pavonem ex Italia, non e Graecia vel Oriente in Europam advectum esse inde sequi statuit, quod in omnibus Europae linguis pavonis nomen a latino p, non a G r a e c o τ

raro ὑποχοριστικῶς animalium nomina amatis indita esse multa exempla testantur, ut Λύκος, puer ab Alcaeo amatus, vel Φρύνη, quod bufonem, vel Λεόντιον *), quod leonis catulum significat **). Itaque Sappho quoque amatum a se iuvenem propter eius p u l c h r i t u d i n e m ***) s u p e r b i - a m q u e pavonem appellasse videtur, quod nomen Graeci tamquam appellativum de eius modi hominibus teste Suida ****) usurpabant. Quae si recte disputavimus, fundamento, in quo Kockianae argumentationis cardo vertitur, substracto ipsa eius ratiocinatio concidat necesse est.

Quaeritur autem, num iam Sapphus temporibus illa ʻrara avisʼ Graecis nota fuerit. Quod quamquam certis veterum testimoniis stabiliri non potest, tamen a verisimilitudinis spe-

---

incipiat. Quam ratiocinationem missam facias necesse erit, si reputaveris in A e o l i c a dialecto graecam dentalem haud raro labiali commutari. Itaque hic quoque inter Aeolicam dialectum et linguam latinam, quam veterum quidam tamquam filiam Aeolicae dialecti esse suspicabantur, similitudo quaedam intercedere videtur. Eiusmodi vero consonantium mutationem nonnunquam reperiri docent e. g. verba: populus, pappel, тополь.

*) Hoc nomen Epicuri amatae fuisse testatur Cic. de nat. deor. I, 33, 93, Hermesianactis Athen. XIII, 597 A, alii.

**) Cf. Aristophan. Plut. v. 1011, ubi vetula ab amasio se anaticulam et columbulam appellatam esse narrat:

νηττάριον ἂν καὶ φάττιον ὑπεκορίζετο.

***) Pavonem antiqui pulcherrimum esse omnium avium persuasum habebant, quod Varro de re rust. III, 6, 2 his verbis testatur: Huic enim natura formae e volucribus dedit palmam (cf. Hehn. l. l. p. 286).

****) S. v. Φάων· φασὶν ἐπὶ τῶν ἐρασμίων καὶ ὑπερηφάνων. Sapphus Phaon etiam a Menandro (v. Strabon. X, 452) ὑπέρκομπος appellatus est.—Ceterum Phaonis nomen apud Graecos non inusitatum fuisse Aeolensium inscriptiones perscrutantes discere possumus; quas si Kock adiiset, illud nomen non mythicum, sed verum esse facile videre potuit. Ita e. g. primum in vico Xeronomi qui vocatur in Boeotia haud procul a Thespiis sito Stamatakis columnam invenit, ubi inter cetera aeolica nomina Φάων quoque legitur; v. Collitz. Sammlung der griech. Dialekt-inschriften T. I p. 401 n. 791d; porro ibidem n. 791e Καλλιφάων exstat, quod idem atque καλὸς Φάων valere videtur. Apud Romanos quoque Pavonis et Pavi nomen reperimus, ut apud Varronem (de re rust. III, 2, 2: Fircellius Pavo) et apud Lucilium (Sat. XIV: Publiʼ Pavoʼ Tuditanus). Cf. Hehn. l. l. p. 291.

cie quadam non abhorrere videtur. Iis enim, quae Hehn in illo praestantissimo libro, qui „Kulturpflanzen und Hausthiere“ inscriptus est, de pavone quam sollertissime collegit *), docemur Salomoni, Iudaeorum regi, inter ceteras Ophirias merces pavonem quoque nave advectum esse, plurimum autem Phoenices ad notitiam illius avis ex India apportatae divulgandam contulisse. Cum vero Lesbus antiquioribus temporibus ab ipsis Phoenicibus possessa fuerit, quod iam ex Homero colligi potest **), et postea quoque Mitylenaeorum portus inter celeberrimos numerati sint, Sapphonem non solum fando audivisse de pavone, sed ipsum oculis intuitam et admiratam esse facile concedes ***).

Ut igitur Phaonis nomen e cotidiano usu simplicius veriusque quam ex mythologia duci potest, ita ad poetriae quoque nomen explicandum eadem ratione mihi progrediendum esse videtur. Omnes autem, qui hanc quaestionem attigerunt, Σαπφοῦς nomen a σαφής adiectivo ductum esse recte monuerunt, quae derivatio iam in Etymologico Magno s. h. v. exstat. At quaeritur, quaenam vis ei verbo attribuenda sit. Kock l. l. p. 85 sqq. statuit in eo nomine claritudinis vel

---

*) V. pp. 286—294.

**) Cf. Iliad. XXIV, 544: Λέσβος, Μάκαρος ἕδος. Nomen proprium Μάκαρ idem esse atque Melkart Peppmüller his verbis docuit: «Dieser Makar ist mit dem phönicischen Melkart, welchen die Griechen mit ihrem Herakles identificierten, dieselbe Person und als Sohn des Helios wie dieser ein Sonnengott». V. eius Commentarium ad Il. XXIV, p. 260.

***) Non me fugit Hehnium l. l. p. 288 dubitare, num iam Polycrate tyranno in illo Samiorum Ἡραίῳ, quod antiquitus pavonibus Iunoni sacris celebre erat, pavones fuerint; cuius dubitationis eam causam affert, quod neque Ibycus neque Anacreon Iunoniae avis mentionem fecerit. Quod tamen pro certo affirmare equidem non ausim, cum utriusque poetae paucissima fragmenta ad nos pervenerint, Athenaeus vero pavonem in illis carminibus non memoratum non laudare aut memoratum omittere potuerit. Si denique (id quod certum est) quinto ante Christum n. saeculo illa avis Athenis cognita fuit, non est, cur sexto saeculo Lesbiis notam fuisse negemus. Ceterum ipse auctor p. 494 annot. 75 Polycratis temporibus pavonem Sami iam fuisse concedere videtur.

splendoris notionem inesse; quae explicatio ei transitum praebet, ut iam monuimus, ad illud commentum, quo per Sapphus
nomen genuine lunam designari, postea vero idem ad poetriam
translatum esse persuadere conatur. Quae opinio cum nullis
veterum testimoniis innitatur, cum aliis eius hominis docti
ingeniosis lusibus reicienda est. Multo magis sobria G. Curtii
sententia est, qui l. l. p. 699 id nomen idem quod σοφή
significare censet *). Cui etiamsi concedendum est σαφής et
σοφός adiectiva ab eadem radice ΣΑΠ derivata esse, tamen
alterum pro altero ita usurpari posse, ut Σαπφώ pro Σοπφώ
dictum sit, non est verisimile **). Porro d o c t a e epitheton
non ad Sapphonem, sed ad Alexandrinarum vel Romanarum
poetriarum quandam, e. g. Balbillam, magis quadraret, ut Horatius Carm. I, 1, 29 de 'hederis, doctarum frontium prae-
miis' loquitur ***). Quibus haud ex omnibus partibus probatis
sententiis quominus meam Sapphus nominis explicationem
opponam, nihil obstat: mihi enim eo nomine ad v o c i s vel
c a n t u s poetriae claritatem alludi videtur ita ut Σαπφώ
sonora vel clara voce praeditam significet; quod ad poetriam
odas suas c a n e n t e m ****) optime quadrare videtur. Quam
vim in eo vocabulo statui posse docet imprimis Pindarus, qui ad

*) Cf. eius haec verba: Es ist mir wahrscheinlich, dass dieser Name
(Σαπφώ) soviel wie σοφή, d o c t a p u e l l a, bedeutet, also zu σαφής, σοφός
gehört».

**) A σοφός adiectivo A e o l i c u m nomen proprium feminini generis
Σ ύ φ ω exspectandum erat, comparato Hom. Il. VI, v. 153: Σ ί σ υ φ ο ς
Αἰολίδης.

***) Si ea nominis poetriae derivatio, quam Curtius proposuit, vera esset,
Σοφώ significare possit m u s i c a e e t p o e s i s p e r i t a m, ut Pind.
Pyth. IV, 295 Cyrenaei cives propter musicae et poesis peritiam σοφοὶ
dicuntur.

****) Cf. frag. 11:
Τάδε νῦν ἑταίραις
ταῖς ἔμαισι τέρπνα κάλως ἀείσω.

vocis claritatem designandam φαεννός adiectivum adhibuit; v. Pyth. IV, v. 283:

ὀρφανίζει μὲν κακὰν γλῶσσαν φ α ε ν ν ᾶ ς ὄ π ό ς.

De quo poetarum usu Buchholz (Anthol. II, ed. 3 p. 216) haec monet: „Die auf L i c h t, T o n und F a r b e bezüglichen Ausdrücke werden oft vertauscht". Ähnl. φωνὴ λαμπρά (vox clara), φωνὴ ἀλαμπής, μέλαινα und λευκή u. a. Porro apud Platonem quoque Legg. p. 812 D σαφήνεια τῶν χορδῶν claritatem chordarum, h. e. claros earum sonos designat. Eandem significationem habent adiectiva λιγύς, λιγυρός, λιγύφθογγος *). Simili modo iam apud Homerum (Il. V, 785 sq.) Stentori, magna voce praedito, a στένειν verbo nomen inditum est:

Στέντορι ... χαλκεοφώνῳ,
ὃς τόσον αὐδήσασχ', ὅσον ἄλλοι πεντήκοντα.

Cf. Curt. l. l. p. 213. Ita Ibyco quoque poetae a voce nomen inditum esse videtur, quod, ut ἴβυξ avis nomen, cum ἰΰζειν verbo cohaeret; cf. Curt. l. l. p. 585; Sittl., l. l. I p. 312. Porro Demosthenici quoque cognominis Βάτταλος ea explicatio plurimum arridet, qua id cognomen cum βάττος, βατταρίζειν, quod balbutire significat, componitur; cf. A. Schäferi „Demosthenes u. s. Zeit" ed. 2, I p. 340. Fortasse Corinnae quoque Μυΐας cognomen a s u s u r r a n t e voce inditum est, quod Statii Silv. V, 3, 158 verba (t e n u i s arcana Corinnae) confirmare videntur.

Quae Sapphus nominis origo cum iam hoc modo optime explicari possit, tamen aliud depromere non supervacaneum

---

*) Ita Corin. fr. 21: λιγουρὰν Μουρτίδα legimus et in epigrammate, Pindari vitae inserto, Protomache et Eumetis poetae filiae λιγύφωνοι appellantur; v. Westermann. Vitt. Script. 98. Ipsa denique Sappho a Christodoro epigrammatum poeta λιγύθροος appellata est, v. Anthol. Pal. T. I. p. 25 v. 69 (ed. Dübner).

esse arbitramur, quo nostram coniecturam undique confirma-
tam eoque fide digniorem reddamus. Constat enim poetriam
non solum verborum, sed etiam harmoniae novatricem fuisse,
et mixolydium quod dicitur (τὸ μιξολυδιστὶ) harmoniae
genus invenisse, quod Aristoxenus ille musicus scriptor apud
Plutarchum de mus. c. 16 testatur *). Quam harmoniam quamquam idem scriptor ibidem. c. 15 a Pythoclide inventam esse
statuisse videbatur, tamen Westphalii docta diquisitione **)
Sapphonem illa laude non privandam esse edocti sumus.
Mixolydiae autem harmoniae proprium πάθος fuit, ut e verbis infra allatis, quibus alia veterum testimonia addi possunt ***), satis superque cognitum habemus. Cum vero ad
affectus concitatos turbidosque exprimendos non sedata gravi-
que, sed acuta et c l a r a voce uti soleamus, poetriae ita, i. e.
σ α φ ῶ ς, canenti Σαπφοῖς nomen inditum est****). Quocum
commode conferri potest Stesichorum quoque a χόρους ἱστά-
ναι nomen accepisse.

Quibus Sapphus nominis ea vis atque significatio, quam
nos statuimus, nonnihil defendi potest.

---

*) Ἀριστόξενος δέ φησι Σ α π φ ὼ  π ρ ώ τ η ν  ε ὖ ρ α σ θ α ι  τ ὴ ν
μ ι ξ ο λ υ δ ι σ τ ὶ, παρ' ἧς τοὺς τραγῳδοποιοὺς μαθεῖν· λαβόντας
γοῦν αὐτοὺς συζεῦξαι τῇ δωριστί· ἐπεὶ ἡ μὲν τὸ μεγαλοπρεπὲς καὶ
ἀξιωματικὸν, ἡ δὲ τ ὸ π α θ η τ ι κ ό ν· μέμικται δὲ διὰ τούτων
τραγῳδία.

**) V. eius «Die Musik des griech. Alterthums» pp. 152, 175.

***) Ita iam Plato de republ. III p. 398 D: T ί ν ε ς ο ὖ ν, inquit, θ ρ η ν ώ-
δ ε ι ς ἁ ρ μ ο ν ί α ι; Μ ι ξ ο λ υ δ ι σ τ ί. Et Aristoteles Polit. V, 5 (p. 1340 a):
ἀκούοντας διατίθεσθαι .. πρὸς μὲν ἐνίας (ἁρμονίας) ὀ δ υ ρ τ ι κ ω τ έ-
ρ ω ς καὶ συνεστηκότως μ ᾶ λ λ ο ν, οἷον πρὸς τὴν μ ι ξ ο λ υ-
δ ι σ τ ὶ καλουμένην. Itaque Horatius optime de Sapphone dicere potuit
(Carm. II, 13, 14):
Q u e r e n t e m Sappho puellis de popularibus.

****) Itaque recte Chappell Anglosaxus a Whartonio l. c. p. 43 laudatus
haec: «She, inquit, sang softly and plaintively and at a h i g h e r p i t c h
than any of her predecessors».

Cum igitur Phaonem revera exstitisse non ita absurdum sit, ut recentioribus videtur, explicandae illius S a n m a r t i n e n s i s   v a s c u l i   p i c t u r a e simplicissimam viam, quam Panofka iniit, optimam esse concedendum · erit *). Quid enim mirum, si Sappho, quam ab antiquis, ut ab Hermesianacte **), Lesbiam l u s c i n i a m appellatam esse constat, in illa amphora aureae P h i l o m e l a e nomine poetice designatur? Phaonis vero epitheton constans quod dicitur καλὸς fuisse iam pp. 37, 75 docuimus; locis ibi enumeratis adde Nymphidem apud Athenaeum XIII p. 596 E: καὶ ἡ ἐξ Ἐρέσου δὲ τῆς ἑτέρας ὁμώνυμος Σαπφὼ τ ο ῦ κ α λ ο ῦ Φ ά ω ν ο ς ἐρασθεῖσα περιβόητος ἦν, ὥς φησι Νύμφις ἐν περίπλῳ Ἀσίας. Bacchium vero illud ἦϑος, quod ea pictura exprimitur, ad Sapphus erga Phaonem amoris ardorem declarandum optime quadrare nemo non videt.

Praeter Phaonem C e r c o l a m quoque, quem Sapphus maritum fuisse Suidas l. l. tradit ***) et cuius n o m e n in Marmore Pario cum Baumgartenio supra p. 70 reposuimus, nullum fuisse, sed tantum a comoediarum auctoribus fictum esse in vulgus creditur; putant enim id nomen a κέρκος voce originem ducere, quae, ut latinum cauda, partem virilem significare potest ****); itaque iam ipsum nomen obscenum atque indecentissimum comoediam suum fontem fuisse mani-

---

*) In altera huius vasculi parte duae imagines depictae sunt, quarum alteri ascriptum est: ΦΛΩΝ ΚΑΛΟΣ, alteri autem: ΧΡΥΣΗ ΦΙΛΟ-ΜΗΛΑ. In interpretandis his figuris homines docti ea ratione, quae simplicissima erat, reiectā valde laborant. Vide Schoen. l. l. p. 761.

**) Cf. Hermesian. frag. 3 v. 49 (apud Hartung. p. 126):
    ὁ δ' ἀοιδὸς ἀ η δ ό ν ο ς ἠράσαϑ' ὕμνων.

***) Ἐγαμήϑη δὲ ἀνδρὶ Κερκύλᾳ πλουσιωτάτῳ, ὁρμωμένῳ ἀπὸ Ἄνδρου.— Quod ad varietatem scriptionis eius nominis attinet,—invenitur enim et Κερκύλας et Κερκόλας—, in priore scriptione Aeolismum statuendum esse censeo, cuius plurima exempla vide apud Meister. l. l. p. 52 sqq.

****) Cf. Aristoph. Thesmoph. v. 239 et Horat. Sat. I, 2, 45.

festo prodere. Nos autem alio eoque verisimili modo illud
nomen interpretati nullam obscenitatem in eo inesse docebi-
mus. Nam vox Κερκόλας ex duabus partibus, κερκο et λας
cǫmposita esse videtur, quarum prior ab onomatopoeico verbo
κρέκειν, quod fidibus canere significat, derivari potest *), ita
ut per metathesin ex •κρεκο factum sit κερκο. Exemplum
vero eiusdem vocalis litterae transpositae in eodem verbo
obviae Zonaras p. 1190 servavit, cuius verba sunt: κ ε ρ κ ό-
λυρα, οὕτως ὁ Ἀλκμὰν ἐχρήσατο ἀντὶ τοῦ κ ρ ε κ ό-
λυρα· τὸ δὲ κερκόλυρα ἠχητικὴ λύρα· τὸ γὰρ κρέκε,
κρέκε ἠχός ἐστι τῆς κιθάρας **). Posterior autem eius
nominis proprii pars λας idem valet atque λαός, ut in nominibus propriis Μενέλας, e. g. apud Pindarum: ξανθῷ
Μενέλα δάμαρτα κομίσαι (Nem. VII, 28), Τιμόλας (Dem.
de cor. § 295, quae lectio codd. S et L est), alia. Itaque genuinam eius nominis proprii formam Κρεκόλαος vel Κρεκόλας
fuisse statuimus ***), quod nihil aliud significat nissi τὸν
κρέκοντα τῷ λαῷ, c y t h a r i s t a m. Quod vero ad significationem eius nominis attinet, optime T e r p a n d r i nomen, a
τέρπειν ἄνδρας ductum, huc facere videtur. Itaque hoc
modo illo nomine proprio explicato non erit, cur de ipsa
persona dubitemus. Quodsi Sapphoni a clara voce, Cercolae
marito a psallendo, Cleidi denique filiae a canendo nomen
inditum est, quod Bergk l. l. p. 117 statuit, tota Sapphus

---

*) Similia onomatopoeica verba in aliis quoque linguis reperiuntur, ut
in rossica крикъ; cf. Curt. Grundzüge, p. 534. Quod ad metathesin ε vocalis
attinet, Hesychianum quoque κερκάς· κρέξ huc referri potest.

**) Cf. Alcmanis frag. 142 (apud Bergkium).

***) Eodem modo Misgolae nominis, (de quo vide infra), variae scripturae
exstant, ut Μισγόλας (apud comicos et Aeschinem oratorem), Μισγόλαος
(apud Suidam s. v.), Μισγέλαος (apud Libanium pro Saltat. p. 500 D); cf.
Meinek. l. l. vol. I p, 386 sq.; item Νικόλεως, Νικόλας, alia; cf. Fick. die
griech. Personennamen, pp. 123, 87, 85, 50, passim.

6

domus a poetria frag. 136 $\mu\,o\,\nu\,\sigma\,o\,\pi\,\acute{o}\,\lambda\,\omega\,\nu$ οἰκία optimo
iure appellari potuit.

Ceterum Cercolae nomen ne semel quidem in comoediarum, quae ad Sapphonem pertinent, fragmentis invenitur;
at uno loco mea quidem sententia comicus poeta ad id allu-
dere videtur. In unico enim fragmento ex Timoclea Sapphone
ab Athenaeo VIII p. 339 A servato (v. Meinek. l. l. vol. III
p. 610) haec legimus:

> Ὁ Μισγόλας οὐ προσιέναι σοι φαίνεται
> ἀνθοῦσι τοῖς νέοισιν ἠρεθισμένος.

Quae verba ad Sapphonem dicta esse videntur, ut iam Meineke l. l. recte intellexit. Attamen quaeritur, quid commercii
Misgolae Colyttensi cum Sapphone fuerit, quem Aeschinis
oratoris aequalem fuisse ex pluribus locis eiusdem contra
Timarchum orationis compertum habemus? *) Diphilus sane
Athenaeo teste (XIII p. 599 D, v. Meinek. l. l. vol. IV p.
409) in comoedia, quae Sapphus nomine inscripta erat, Ar-
chilochum Hipponactemque tamquam poetriae amatores indu-
xerat, quem anachronismum Athenienses facile ei condonave-
runt, cum in eius generis iocis calculorum chronologicorum
acribiam minime exigerent et uterque poeta cum temporibus
tum patria non tantum a Sapphone remotus esset, ut Mis-
golas. Constat autem comicos poetas nonnunquam pro veris
nominibus alia substituisse, quae similiter incipiebant vel
similiter desinebant, ut Aristophanes Ran. v. 429 pro Ἱππο-
νίκου eadem vocis mensura servata Ἱπποβίνου posuit **).

---

*) Cf. § 49: τυγχάνει ἡλικιώτης ὢν ἐμὸς καὶ συνέφηβος. De Misgola,
Timarchi amatore, agit Aeschin. ibid. §§ 41—53; eum praeter Timoclem ab
aliis quoque comicis perfricari solitum esse, ut ab Antiphane, docet Meinek.
l. l. vol. I p. 386; III, p. 13.

**) Alia eiusmodi Aristophanea exempla sunt: Nub. v. 710, ubi κόρεις
appellati sunt Κορίνθιοι:

> δάκνουσί μ' ἐξέρποντες οἱ Κορίνθιοι.

Porro Ran. v. 85 μάκαρες dictum est pro: Μακεδόνες.

Itaque hic quoque quendam Sapphonem hoc modo alloqui
voluisse ponere potes: Ὁ Κερκόλας οὐ προςιέναι
σοι φαίνεται, h. e. Cercolas tecum coire non videtur; attamen pro Cercolae coniugis voce comice Μισγόλαν posuit,
quo facto comica vis duplicatur: primum enim eo nomine ad
μίσγεσθαι verbum alluditur, quod iam inde ab Homero
frequentissime de coitu usurpabatur; porro autem, quod gra-
vius est, eo nomine adhibito comicus occasionem nactus est
infamem illum Misgolam paederastam, aequalem suum, velli-
candi additis verbis: ἀνθοῦσι τοῖς νέοισιν ἠρεθισμένος.
Itaque ex hoc Timoclis fragmento concludi potest Κερκόλας
nomen non a comicis fictum, sed verum Sapphus mariti
fuisse *), neque antiquos eam significationem ei tribuisse,
quam ex recentiorum sententiis in eo inesse in vulgus creditur **).

Iam igitur cum Sapphus mariti nominis interpretandi
aliam rationem ostenderimus, qua comprobata recentiores homines doctos ipsis antiquis in obscenitatibus inveniendis palmam praeripuisse non immerito dixeris, restat, ut de C e r c o-
l a e  p a t r i a nostram sententiam proponamus, de qua Suidas l. l. haec memoriae tradidit: ἐγαμήθη δὲ ἀνδρὶ Κερκύλα πλουσιωτάτῳ, ὁρμωμένῳ ἀπὸ Ἄνδρου.

---

*) Mure l. l. p. 592 ex Ovidiana epistula, ubi de poetriae matrimonio
nihil dictum est, Sapphonem innuptam fuisse concludit. «It seems», inquit,
«incredible, that a poet of Ovids taste and discernment... should have omit-
ted the part of her history best calculated to enhance the effect of his
elegy, by pathetic apostrophes of the afflicted fair one, to her part days
of peace in the enjoyment of an innocent love, or t o  h e r  w i d o w h o o d
a s  t h e  p r i m a r y  s o u r c e  o f  h e r  p r e s e n t  c r i m e  a n d  s o r r o w». 
Quod tamen vix quisquam ei credet: nam si poetria amissum maritum tam-
quam causam sui in Phaonem amoris praetulisset, incaute, ne dicam stulte,
causam egisset. Quamobrem longe optimum erat in illa epistula maritum silentio praetermittere, quod Ovidius fecit.

**) Si Cercolae nomen obscenum esset, tum in C e r c i d a e quoque Mega-
lopolitani iambographi nomine, de quo v. Flach. GdgL. p. 574, eadem obsce-
nitas inesset: at nemini unquam in mentem venit, ut id nomen in dubium
vocaret vel a comicis poetis fictum esse affirmaret.

6*

Ultima verba homines litterati usque ad Welckeri tempora
simplicissima atque optima ratione interpretabantur his verbis:
Maritum habuit Cercolam, virum ditissimum, **ex Andro**,
(insula maris Aegei, una Cycladum), **oriundum** *). Recentiores vero inde a Welckero usque ad Whartonium hoc quoque Cercolae patriae nomen a comicis fictum esse, quo ad
eius virilitalem ($\dot\alpha\nu\delta\varrho\dot\iota\alpha\nu$) alluderetur, sibi persuaserunt. Ita
Neue, qui hoc modo argumentatur: „Neque enim—inquit—
illa significare possunt, **qui ex Andro immigravit**;
nec omnino veteres solebant nisi gravissimis de causis solum
vertere; et inepte dicta essent, si hoc scriptor vellet, **qui in
insula Andro sede fortunarum statuta mer-
caturam factitabat**, Andro quasi $\dot{o}\varrho\mu\eta\tau\eta$-
$\varrho\iota\omega$ quodam utebatur: saltem necesse ita erat, ut
Sappho patria excederet, qua de re nihil relatum reperimus.
Immo velut praesentem ea ostendunt **h o m i n e m** cummaxime
**Andro advectum**, planeque in eum conveniunt, quem
inductum in scenam suspicamur. Huic potissimum **o b v i r-
t u t e m propriam** nupsit Sappho, nempe in comoedia" **).
In qua ratiocinatione unum errorem tamquam fontem atque
originem aliorum errorum esse videmus: cui enim in mentem
venisset, ut in illa simplicissima locutione $\dot{o}\varrho\mu\omega\mu\acute{\epsilon}\nu\omega$ $\dot\alpha\pi\dot{o}$
$\H{A}\nu\delta\varrho o\upsilon$ obscenam illusionem latentem investigaret, nisi
ipsum Cercolae nomen tam perverse acceptum explicatumque
esset?

---

*) Vide J. Chr. Wolfii l. l. p. VII.—Locutio autem $\dot{o}\varrho\mu\tilde\alpha\sigma\vartheta\alpha\iota$ $\dot{\epsilon}\varkappa$ $\tau\iota\nu o\varsigma$
oriendi vim habens legitur e. g. apud Platonem Legg. p. 682 B: $\pi o\tau\alpha\mu o\dot{\upsilon}\varsigma$
$\H{\alpha}\nu\omega\vartheta\epsilon\nu$ $\dot{\epsilon}\varkappa$ $\tau\tilde{\eta}\varsigma$ $\H{I}\delta\eta\varsigma$ $\dot\omega\varrho\mu\eta\mu\acute{\epsilon}\nu o\upsilon\varsigma$.

**) V. l. l. p. 3, coll. Wharton. l. l. p. 7: «The name (P e n i f e r) and
that of his country (V i r i l i a) are conjectured to have been invented in ri-
baldry by the Comic poets».

Attamen nihilominus unum quin recentioribus concedamus, facere non possumus. Sane haud verisimile est Sapphonem Aeolensem Lesbiam viro e Ionica insula procul a Lesbo sita oriundo in matrimonium datam esse. Quae recordatus aliam huius quaestionis solvendae viam ingressus sum; puto enim traditam nominis proprii scripturam in libris Suidae manuscriptis corruptam esse, quod imprimis in his nominibus saepissime factum esse nemo ignorat *). Itaque conicio pro *Ανδρου* voce substituendum esse Ἀντάνδρου. Cum enim in codice archetypo ΑΠΑΝΤΑΝΔΡΟΥ scriptum esset, facillime accidere potuit, ut scribae oculi ΑΝΤ litteris omissis ad tertium Α aberraverint, cuius erroris in libris mss. haud raro deprehensi exempla hoc loco recensere supersedebimus. Iam hac levi medela adhibita omnes difficultates tolluntur: Antandrus enim fuit Troadis urbs ad sinum Adramyttenum exadversum Mytilenas sita, quam urbem non solum Aeolicam fuisse**), sed ab ipsis Lesbiis conditam esse concludi potest ex iis, quae Strabo XIII, c. 616 de urbibus in ora maritima a Lecto promunturio usque ad Canas ***) sitis refert: καὶ γὰρ ταῦτά ἐστιν Αἰολικά, σχεδὸν δέ τι καὶ μητρόπολις ἡ Λέσβος ὑπάρχει τῶν Αἰολικῶν πόλεων. Et jam antea c. 599: τοῦτο δὲ (τὸ Σίγειον) κατέσχον μὲν Ἀθηναῖοι ... Λεσβίων ἐπιδικαζομένων σχεδόν τι

*) Cf. e. g. infra pp. 89, 98*).
**) Minime me fugit Antandrum ab Alcaeo frag. 65 Λελέγων πόλιν appellatam esse, ubi tamen poeta antiquos eius incolas respicere videtur: nam graecam fuisse vel a Graecis conditam esse iam graecum eius nomen testatur, cf. Ἀντήνωρ (Iliad. III, 262; ibid. 189: Ἀμαζόνες ἀντιάνειραι —De bello Mytilenaeorum cum Atheniensibus apud Sigeum, ubi Pittacus Phrynonem Atheniensium ducem certamine singulari interfecit, v. Strabon. XIII, c. 599 sq., Suid. s. v. Πιττακός. Schöne l. l. p. 746 sqq.—Quodsi Troas antiquitus Aeolensium fuit, optimo iure Fick antiquissimas Odysseae et Iliadis partes in Aeolicam dialectum vertisse videtur.
***) Strabone teste (XIII, 615) Canarum vetus nomen Αἰγά exstabat apud Sapphonem, nisi verba ὡς Σαπφώ (φησιν) ab aliena manu addita sunt; v, frag. 131.

*τῆς συμπάσης Τρῳάδος· ὧν δὴ καὶ κτίσματά εἰσιν αἱ πλεῖσται τῶν κατοικιῶν.* Quamobrem si nobiscum locum suspectum correxeris, non erit, cur poetriam homini e vicina urbe, fortasse colonia Mytilenaeorum, oriundo nupsisse neges.

Ad nostrae coniecturae verisimilitudinem augendam hoc quoque nonnihil facere videtur, quod vestigia quaedam restant, e quibus ipsius poetriae genus non e Lesbo insula, sed e Troade originem duxisse apparet; ita Columbánus Abbas Sapphonem „Troiugenarum vatem" appellavit *). Si igitur verum est Sapphus avos olim in Troade degisse, quae opinio Scamandronymi quoque Sapphus patris nomine a Troadis fluvio ducto **) comprobatur, facile explicatur, quomodo evenerit, ut Antandro oriundus homo poetriam uxorem duceret.

Quae cuncta si perpenderis, non erit, cur nobiscum totam illam fabulam de Cercolae patriaeque eius nominum origine, quae a recentioribus excogitata et per longam hominum doctorum seriem propagata est, tandem missam facere graveris, cum hic quoque Suidam non 'ex infimae aetatis scriptore, omnia undique corradente', sed ex optimae notae fonte sua hausisse tibi persuadeas.

---

*) Vide apud J. Chr. Wolfium l. l. p. VII:

Sed tamen illa  
Troiugenarum  
Inclita Vates  
Nomine Sappho  
Versibus istis  
Dulce solebat  
Edere carmen.

Quibus addas Wharton. l. l. p. 7: «Some authorities... state that Sappho's family belonged to an Aeolian colony in the Troad».

**) Ab eodem fluvio Hectoris quoque filio nomen inditum esse testatur Homerus Il. VI, v. 402:

*Τόν ῥ' Ἔκτωρ καλέεσκε Σκαμάνδριον, αὐτὰρ οἱ ἄλλοι*  
*'Αστυάνακτ(α).*

Itaque dubitandi causa de poetriae marito sublata ad aliam quaestionem accedamus, num Cleis poetriae filia ex illegitimo cum Phaone coniugio orta sit, quod Murio (History of Gr. lit. v. III, p. 278) visum est; recentiores vero et Sapphone Cercola marito privata et Murii opinione reiecta de Cleide' filia merito haesitant, quid sint facturi: ita Sittl, ut supra p. 52**) vidimus, ne filia ab incerto patre procreata poetriae famam ignominia aspergeret, Cleidem non filiam, sed amicam poetriae fuisse coniecit. Murii sententiam falsam esse ex Ovidiana epistula aperte concludi potest: nam si poetria filiam ex Phaone conceptam habuisset, Ovidius eam ad Phaonem minime fecisset sic scribentem (v. 103):

Nil de te mecum est,

cum amoris pignus, quod semper intueretur et quo consolaretur, ei praesto esset. Utrum vero poetria eo tempore, quo Phaonis amore capta erat, divortio a marito separata, an vidua fuerit, an Cercolae vivo Phaonem praetulerit*), haec omnia quamquam vix certo dirimi poterunt, tamen quibusdam indiciis ansam praebentibus coniectura solvere tentabimus. Maximus Tyrius l. l. c. 9 (v. Sapph. frag. 136) Socratis morituri verba Xanthippae uxori luctum exprobrantis cum Sapphus verbis confert, quae simili modo filiam hortatur. Μέμφεται, inquit, τῇ Ξανθίππῃ ὀδυρομένῃ, ὅτι ἀπέθνηόκεν· ἡ δὲ τῇ θυγατρί· Οὐ γὰρ θέμις ἐν μουδοπόλων οἰκίᾳ θρῆνον εἶναι, οὐκ ἄμμι πρέπει τάδε. Dolendum est, quod sophista non exposuit, cur filia lamentata esset; attamen si ex iis quae praecedunt concludere licet, mors carissimi cuiusdam lugendi causam praebuit. Quid est autem parvae filiolae carius quam parentes? Itaque sane fieri potuit, ut Cleis Cercolam patrem morte abreptum tam vehementer defleret. Cui minime adversatur Ovidianae epistulae v. 70:

Accumulat curas filia parva meas,

---

*) Cf. supra p, 70 M. P. locum a nobis restitutum.

unde filiam poetriae uni curae esse nec iam patrem in vivis versari conicere poteris. Itaque sane fieri potuit, ut Sappho vidua iam aetate provectiore amore in Phaonem inflammata sit.

Iam igitur his absolutis ad duas Sapphus amicas convertamur. V. 17 duae puellae nominantur, quarum nomina suspecta esse videntur: •

Vilis Anactorie, vilis mihi candida Cydno.

Quod ad priorem attinet, quaestio paucis absolvi potest. Ἀναχτορίη enim antiquitus Miletus Ioniae urbs appellabatur, ut Plinius (hist. nat. V, 29, 112), Stephanus Byzantius (s. v. Μίλητος), alii testantur. Itaque Ἀναχτορίη idem valere potest atque Μιλησία significatque puellam Mileto oriundam, ut Ἀτθίδος nomine Attica virgo designatur *). A Suida vero l. l. inter poetriae discipulas Ἀναγόρα quoque Μιλησία numeratur, quam Ovidius hoc loco respexisse videtur; cum vero proprium puellae nomen dactylici hexametri legibus adaptari nequiret, poetae id nomen adhibendum fuit, quod dactylico numero optime responderet. Itaque puellae illi genuinum Anagorae nomen, quod Suidas servavit, fuisse videtur **).

Cum prioris puellae unus saltem auctor, Maximus Tyrius, mentionem fecerit ***), de Cydnone tota antiquitas quam pertinacissime tacet. Quid igitur? An Ovidium ipsum hoc nomen finxisse ponendum est? Minime. Immo vero id gravis-

---

*) Advenas haud raro ethnico nomine tamquam proprio appellatos esse docet Meister in Collitz. l. l. T. I, p. 401, ann. ad n. 791 d.

**) Itaque non audiendus est Flach, qui GdgL. p. 498 ann. 2 in Suidae verbis Ἀναγόραν in Ἀναχτορίαν mutari iubet. Quocum si facies, duo nomina adiectiva idem significantia (Ἀναχτορία, Μιλησία), nullum vero nomen proprium habebis; quod quam perversum sit, nemo non videt.

***) l. l. c. 9: ὅ-τι γὰρ ἐχείνῳ (sc. τῷ Σωχράτει) Ἀλχιβιάδης χαὶ Χαρμίδης χαὶ Φαῖδρος, τοῦτο τῇ Λεσβίᾳ Γύριννα χαὶ Ἀτθὶς χαὶ Ἀναχτορία,

simo testimonio est Romanum poetam diligentissime Sapphus
scrinia perscrutatum inde hoc quoque nomen deprompsisse. Quod
ad ipsam vocem attinet, *Κυδνώ* a *κυδνὸς* adiectivo derivatum
est, quod idem significat atque celeber. Itaque de ipso nomine non esset, cur dubitares, nisi libri manuscripti hoc epistulae loco magnopere fluctuarent. Vriesio enim teste l. l. p.
22 optimi codices exhibent: C y d r o; in libris autem inferiọ-
ris notae hae variae lectiones exstant: Cidno, Clio, Cidnolle,
C i d r i o, C a d r o, S y d r o, Cathno, Credo; Bentleius vero
nimis audacter coniecit: Vilis mihi crede Gyrinno. Attamen
lectionem optimorum codicum unice veram esse et in deterioribus
quoque libris eius vestigia exstare procul dubio demonstrari
potest. Nam in Ald. Cornu Cop. 268 B mutilatum Aeolici
poetae cuiusdam fragmentum exstat, quod Bergk Sapphoni
probabiliter vindicavit (v. frag. 71):

ἡρωὸν ἐξεδίδαξε γυάρων ✳ τὴν ἀννοδρόμον.

In voce, quam appictus asteriscus sequitur, haud dubie nomen proprium inest, quod iam Hartung vidit ita corrigens:

῞Ηρων ἐξεδίδαξε Γυάρω τὰν ταναύδρομον.

Alii alias coniecturas proposuerunt, quas v. apud Bergk. l. l.*)
Equidem vero eam vocem corruptam esse et in illa scriptura
huius quam Ovidius commemorat C y d r u s nomen delitescere
censeo. Quod litteris maiusculis exaratum apertius fiet:

*ΓΥΑΡΩ*

*ΚΥΔΡΩ*

Versus autem est neque asclepiadeus maior, quod Bergk et

---

*) Flach GdgL. p. 499 et Sittl l. l. p. 329 ann. 3 cum Bergkio ῞Ηρων
ἐκ Γυάρων legentes hanc vocem Herus patriam significare putant, cum ver-
tunt: H e r o v o n vel a u s G y a r o s; attamen sane mirum esset puellam
Gyaro insula oriundam, ubi Strabone teste (c. 485) pauperrimi piscatores
incolebant, ad Sapphonem profectam esse, ut apud eam studiis humanioribus
operam navaret.

Hartung statuunt, neque pentameter aeolicus, quod Ahrensio placuit, sed Sapphicus hoc modo procedens:

$$.. \text{ }{}^{\prime\prime}H\varrho\omega\nu\ \dot{\varepsilon}\xi\varepsilon\delta\dot{\iota}\delta\alpha\xi\varepsilon\ K\acute{\upsilon}\delta\varrho\omega.$$

Novissima autem eius fragmenti verba et ad corrigendum difficilia sunt neque ad nostram rem quidquam faciunt. Nomen vero ipsum *Kvδρώ* ab adiectivo *κυδρός* derivatum cum Sapphus nomine comparari potest *).

Quae cum ita sint, et optimorum codicum scripturam in epistula restituendam et in Sapphus discipularum numerum Cydronem quoque referendam esse demonstrasse nobis videmur **).

Praeter ea, quae ad Sapphus familiam atque amicas accuratius designandas ab Ovidiana epistula profecti protulimus, etiam de uno carminum genere poetriae ascripto certius quoddam inde concludi potest. Suidas enim l. l. praeter carmina melica epigrammata quoque atque elegias poetriae assignat: *Ἔγραψε δέ*, inquit, *καὶ ἐπιγράμματα καὶ ἐλεγεῖα καὶ ἰάμβους καὶ μονῳδίας* ***). Sane tria epigrammata, quae in Anthologia Palatina Sapphus nomine appicto reperiuntur (VI, 269; VII, 489; ibid. 505; cf. apud Bergk. fragg. 118—120), Suidae verba confirmare possint: attamen iam dorica dialectus, qua Sapphonem minime usam esse verisimile est,

---

*) Cf. Hesych. 2 p. 368: *κυδρός· ἔνδοξος καὶ τὰ ὅμοια*, et Fick., qui l. l. p. 48 nomina propria collegit, quae huc spectant, ut *Κυδραγόρα*, *Κῦδρος*, alia.

**) Itaque respuenda est Bentlei illa coniectura, quam Vries quoque l. l. p. 44 probavit; Ehwaldium vero optimos codices iure secutum esse video.

***) Totum illud colon ex posteriore quodam fonte additum esse iam ex ordine narrationis turbato concludi potest: primum enim in hac vitae parte de carminibus melicis dictum est: *ἔγραψε δὲ μελῶν λυρικῶν βιβλία θ'*; tum iis quae sequuntur de plectro a Sapphone invento refertur; quo facto Suidas verbis supra allatis iterum ad poesin eius revertitur. Novissima verba ad subditicia carmina referri videntur, quae sub Sapphus nomine circumferebantur, nisi Suidam auctoribus confusis errorem commisisse verisimilius statueris.

primo aspectu illa epigrammata suspecta reddit. Bergk ad frag. 120 tantum hoc epigramma tamquam novicium a poetria abiudicat: nos vero Ovidiana epistula innisi cetera quoque spuria esse censemus: in illa enim Sapphus carminum editione, qua Ovidius utebatur, m e t r u m  e l e g i a c u m  vix exstitisse ex epist. v. 5 sq. concludi potest, ubi legimus:

Forsitan et, quare mea sint a l t e r n a, requiris,
Carmina, cum l y r i c i s sim magis apta modis?

Ex verbis enim 'sum m a g i s apta lyricis modis' ex Ovidii sententia sequi videtur Sapphonem elegiaco numero, qui illis a l t e r n i s carminibus designatur, m i n u s aptam fuisse itaque eum in scribendis carminibus non adhibuisse; quod Ovidius non inventis in eius libris carminibus elegiaco numero conscriptis illo disticho indicavit *).

———

Iam restat ut colligamus, quae a nobis enucleata a recentiorum Sapphus vitae descriptionibus differant, quo facilius synopsi proposita intellegi possit, quid emolumenti e nostra lucubratione ad poetriae notitiam corrigendam vel complendam redundare statuamus **).

Primum igitur, ut a Sapphus familia exordiamur, poetriae Cercolam maritum reddidimus, cui tantum in Atticorum comoediis locum fuisse in vulgus creditur, patriamque eius non Andrum insulam, sed Antandrum urbem fuisse docuimus.

———

*) Ceterum iam apud Neuium l. l. p. 10 haec legimus: Addunt Suidas et Eudocia ἐπιγράμματα καὶ ἐλεγεῖα. Epigrammata quaedam supersunt, sed f i d e i  d u b i a e. Cf. Sittl. l. l. p. 329, qui haec quattuor carminum genera a Sapphone abiudicare non gravatus est; alii vero, ut Flach l. l. p. 511 sq. et nuperrime Guil. Christ in Iw. Mülleri Handbuch der klass. Altertumswissenschaft T. VII p. 113 contrariam sententiam sequuntur.
**) Ad quaestionem Sapphicam accuratius cognoscendam haud spernendum adminiculum Carolus Riedel suppeditavit in commentatione, quae inscripta est: Der gegenwärtige Stand der Sapphofrage. (Iglaviae, a. 1881).

Quibus demonstratis Cleidi quoque, Sapphus filiolae, patrem reduximus, ne immerito adulterino sanguine nata diceretur. Porro autem poetriam viduatam Phaonis, fronte et vultu bellissimi Mytilenaeorum optimatis, amore captam esse vidimus; qui cum intestinis bellis in Lesbo insula flagrantibus in Siciliam fugisset, poetriam in carminibus quidem sese eum secuturam esse cecinisse, ipsam vero nunquam in Sicilia exsulasse ostendimus. Itaque eodem modo, quo iam ante nos homines docti divulgatissimam de Sapphus Leucadio saltu famam interpretati sunt, nos quoque illam alteram de poetriae exsilio fabulam explicabamus. Quod autem ad Sapphus amicas attinet, Anactoriam et Anagoram eandem atque unam esse demonstravimus numerumque earum Cydrus nomine e corruptis scripturis eruto auximus. Iam sub finem commentationis Sapphonem nunquam epigrammata scripsisse non primi animadvertimus.

En tibi fructum laboris a nobis pro viribus suscepti; quem etsi non largum esse statueris, tamen nullum dicere non audebis. Unum autem est, quod maxime timeamus, ne quis propterea a nostris avertatur, quod non novas quasdam opiniones de Sapphus vita sagaciter excogitatas proposuerimus, sed plerumque tradita sustentare atque tueri studuerimus, quod fortasse nonnemo regressum, non progressum dixerit. Quod imprimis in ea cadit, quae Suidas de Sapphus familia memoriae prodidit; quae omnia ex optimae notae fonte a Suida vel potius Hesychio hausta esse contra recentiorum commenta plerisque applaudentibus prolata optime defendi posse ostendimus. Itaque hic quoque novum argumentum protulimus contra eos, qui omnia, quae apud posterioris aetatis scriptores reperiuntur, suspecta fictaque esse persuasum habent *).

---

*) Subscribo sententiam anonymi iudicis Sittliani libri in Neue philol. Rundschau n. 16 (a. 1886), p. 244 his verbis expressam: «Unkritisch und un-

Porro ne id quidem nos fugit non omnia, quae investigavimus, ad amussim esse elaborata; quod in tam lubrica materia vix aliter fieri potest. Attamen nihilominus nos propius ad verum accessisse omnes concessuros speramus, quorum mentes praeiudicatis opinionibus non imbutae sunt. Imprimis autem nostram commentationem eo quam maxime commendari opinamur, quod si nobiscum facies, multas difficultates, quibus recentiorum de Sapphus vita narrationes laborare solent, facile te evitare posse persuasum habemus. Nam hominum litteratorum opiniones in singulis ita comparatae sunt, ut non solum inter se discrepent, sed etiam nonnunquam idem homo doctus fere eodem tempore duas sibi contrarias opiniones proferre non vereatur; ut Flach, qui, ut supra p. 66*) vidimus, ad Chron. Par. v. 51 Phaoni 'ullum apud antiquiores locum fuisse' negans libri de Graecorum poesi lyrica eodem anno (1884) editi p. 491 ann. 1 haec censet: „So ist kein Zweifel, dass der Name Phaon in den Gedichten gelesen wurde. Zu sicher sagt also Lehrs: „In den Liedern der Sappho scheint Phaon gar nicht vorgekommen zu sein". Derselbe Vorwurf trifft O. Müller". Quin etiam ubi diserte scriptum legitur *ΦΑΩΝ ΚΑΛΟΣ*, non Phaonem, sed Dionysum, ut Stephani *), vel Pana, ut Welcker **), intellegi iubent. Credat Iudaeus Apella!

---

methodisch ist es, eine Nachricht schon deshalb für falsch zu halten, weil sie Diogenes, S u i d a s u. a. m. überliefern, oder eben gerade deshalb für wahr, weil sie bei Platon, Aristoteles u. a. m. steht. Auch Platon und Aristoteles können irren, ebenso wie d i e S p ä t e r e n g u t e Q u e l l e n b e n u t z t h a - b e n k ö n n e n. Ich glaube daher, dass keiner Überlieferung die Glaubwürdigkeit abgesprochen werden darf, mag sie stammen, von wem sie will, wenn man nicht beweisen kann, dass dieselbe nach der ganzen Lage der Dinge unmöglich ist».

\*) Vide eius Parerga archaeologica in Bulletin historico-philol. de l'acad. de St. Pétersbourg, XII, 268 sq., ann. 39.

\*\*) Cf. Götterlehre I, p. 453 sqq.

At nostrae explicationes quo sunt simpliciores, eo minus a veritate abhorrere videntur. Itaque hac quoque, quantulacunque est, disquisitione illi duo aurei versus Euripidei (Phoen. 469 sq.) probantur:

Ἁπλοῦς ὁ μῦθος τῆς ἀληθείας ἔφυ,
χοὐ ποικίλων δεῖ τἄνδιχ᾽ ἑρμηνευμάτων.

# COROLLARIUM

## CRITICUM ATQUE EXEGETICUM

### AD

### OVIDIANAM SAPPHUS EPISTULAM.

~~~~~~~~~

Σύν τε δύ' ἐρχομένω, καί τε πρὸ ὃ τοῦ ἐνόησεν.
Hom. Il. X, 224.

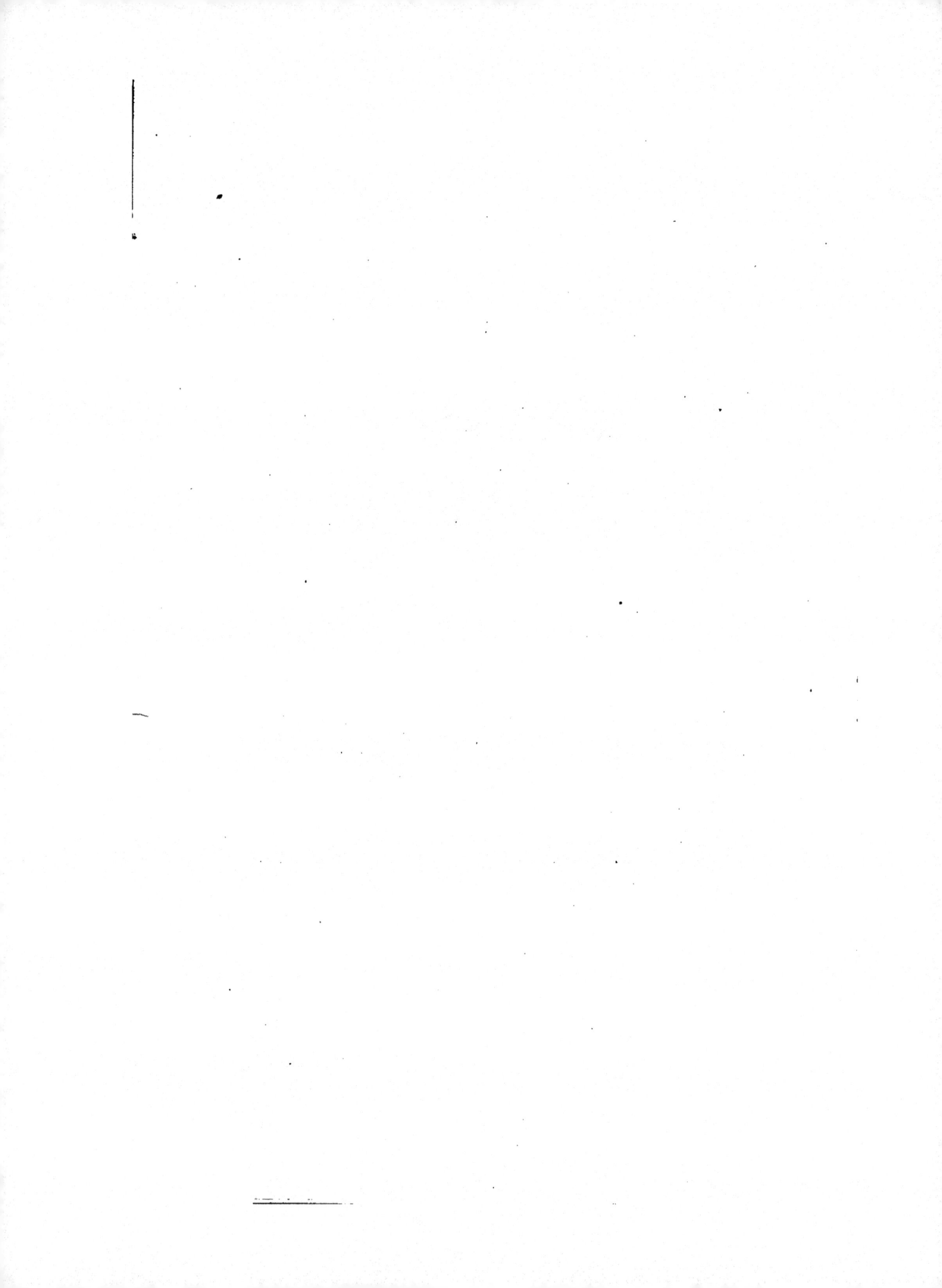

Cum Ovidiana Sapphus epistula tamquam veteretum quoddam inde a Naugerio Egnatio Ciofano Heinsio per longum
spatium requiescens nuperrime demum ab hominibus doctis
renovari coepta sit, minime mirum est, si usque ad hunc
diem nonnullos locos exhibeat, qui arte critica adhibita emendari aut accuratius explicando defendi possint. E quorum numero ea quae nobis in tractanda epistula occurrerunt nec
veri similitudine prorsus destituta esse videantur, ad finem
libelli reiecta addere non supervacaneum esse censuimus, imprimis cum iis allatis scrupuli quidam recentioribus de epistulae origine iniecti magnam partem eximi posse videantur.
Iam igitur ad id quod suscepimus aggrediamur.

# I.

V. 139 sq. Sappho collatione adhibita sui in Phaonem insani amoris ardorem describens cum femina a furiali Erichthone quadam acta esse comparat:

„Illuc mentis inops, ut quam furialis E r i c h t h o*⁾
Attigit, in collo crine iacente feror".

Quod Erichthonis nomen cum hoc loco excepto in Latinis litteris primum apud Lucanum (Phars. VI, 508) legatur, ubi veneficam quandam Thessalam ita appellatam esse comperimus, recentiones Lachmannum secuti**⁾ eo tamquam firmissimo argumento utebantur, quo nisi epistulam spuriam et Latinis litteris iam senescentibus aut decrepitis ab imitatore quodam confectam esse contenderent, qui id nomen a Lucano mutuatus ipse sagacibus eorum animis ad fraudem detegendam manifestam ansam praebuisse videbatur. Inter quos Lucianus Müller***⁾ tantam vim ei nomini tribuit, ut ex eius sententia ceteris integris propter id solum de Ovidio epistulae auctore addubitandum sit. Contra Lachmannum quaedam pro

---

*) Nomen proprium in fine hexametri positum ne unus quidem liber ms. integrum servavit. Vriesio teste (Epist. Sapph. ad Phaon. p. 29) optimi codd. Harleianus (H) Fuldensisque (F) habent e r i t h o, Francofurtanus (f) E n y o; in libris autem inferioris notae exstant hae variae lectiones: e r i c t o (plerumque), h e r y c t o, e r y p t o, e r i c t a, enio, E r i n n i s, e r i n i s.

**) V. Ind. lectt. univers. Berol. 1848 aest., p. 3, coll. Vries. l. l. p. 135.

***) De re metrica p. 49.

lata sunt a Comparettio *) et Vriesio **), quamquam hic quoque illud nomen potius removendum esse ex epistula libere
fatetur. Quapropter de codicis f scriptura recipienda collato-
que Petronii (CXX 6 sq.) loco de epitheto f u r i a l i s in
f e r a l i s mutando cogitabat; attamen proposita coniectura ne
ipsi quidem auctori arrisit, quamobrem quaestio in suspenso
ab eo relicta est***). Itaque 'grammatici certant et adhuc sub
iudice lis est'.

Attamen nihilo secius mihi levi medela adhibita dubius
locus optime sanari posse videtur. Quis enim est, qui nesciat,
quanto opere imprimis nomina propria in optimis quoque libris mss. depravata sint? Quod hoc quoque loco statuendum
est ita, ut ne una quidem codicum scriptura accipienda sit,
quamquam in duabus in CTO desinentibus alterius partis
nominis a poeta scripti vestigia exstare videntur. Persuasum
enim habeo ab Ovidio hoc loco unam e Furiarum numero,
ALECTOnem, prima syllaba correpta nominatam eiusque
nomen in corrupta lectione latens reponendum esse. Nam si
rationem palaeopraphicam spectas, depravata scriptura in
quinque illis variis lectionibus non tam longe a proposita
emendatione recedit; E n y o vero coniecturae debetur, E r i n-
n i s autem pro genuinae scripturae explicatione accipiendum
esse videtur. Porro sententia quoque optime procedit; Furiam
illam Romanorum poetis haud ignotam fuisse docet illa Ver-
giliana de Amata ab Alectone in furorem acta narratio, quam

---

*) V. eius disquisitionem, quae inscribitur: «Sull' autenticità della epi-
stola Ovidiana di Saffo a Faone» in Publicazioni del R. Instituto di studi
superiori in Firenze, vol. II, 1 (1876) p. 19.
**) 1. 1. pp. 136—138.
***) Cf. l. 1. p. 138: «Cum tamen nullum aliud talis Enyus vestigium
apud antiquos scriptores repererim, hanc quidem rem in incerto relinquere
tutius videtur».

Aen. VII 341 sqq. legimus *), unde etiam perspici potest
furialis epitheton in eam deam optime quadrare neque
mutando opus esse **). Ovidius, cui hoc loco Vergilianae Alectus descriptionem ante oculos obversatam esse haud improbabiliter conici potest, ipse Heroid. II 119 his verbis eius
Furiae mentionem facit: 'Adfuit Allecto'. Quomodo autem cor-
ruptela orta sit, optime hoc modo explicari potest. In codice
quodam antiquo scriptum erat illud genuinum A l e c t o, ad
quam vocem explicandam haec glossa appicta erat: E r i n y s.
Librarius autem contaminata scriptura ex utroque verbo novum conglutinavit, cuius priorem partem ERI e glossa, posteriorem autem CTO e nomine in epistulae contextu exstante
sumpserat. Ita nata esse videtur monstruosa illa plurimorum
codd. lectio ERICTO, quae postea, prout cuique visum est,
corrumpebatur aut emendabatur.

Unum tantum est, quod primo aspectu nostrae coniecturae adversari videatur. Et apud Vergilium et apud Ovidium
haec vox geminata l littera scripta reperitur; quod a lingua
Graeca profecti ita explicabimus. Nomen Ἀληκτώ derivatum
est a verbo λήγειν α privativo quod dicitur praefixo, significatque non cessantem, indefessam, quo nomine Furia sine
ulla intermissione victimam suam exagitans aptissime designata est***). Itaque, quod ad originem nominis attinet, Ἀληκτώ
simplici l littera exarata bacchium efficit. Apud Graecos

---

*) Cf. imprimis v. 405:
Reginam A l l e c t o stimulis agit undique Bacchi.
**) Furiae ipsae Pausania teste (VIII 24, 1) circa Megalopolin *Μανίαι*
appellabantur et apud Aeschylum quoque (Eumen. v. 499) μανιάδες vocantur,
cum id quod efficiebant, ut in furorem conicerent, sollemni usu ipsis ascri-
beretur. Cf. Roscheri Lexicon der griech. u. röm. Mythol. p. 1325.
***) Cf. Etym. M. p. 62, 44: Ἄληκτον, ἀκατάπαυστον· καὶ ἄληκτος
ὁ ἀκατάπαυστος καὶ πολύς.—Minus recte Pott Alectus nomen per adiectiva
«implacata, implacabilis» interpretatus est, v. Kuhns Zeitschrift. T. V. (1856)
p. 270.

autem poetas iam inde ab Homero brevem vocalem ante l litteram produci, ubi „metri causa" longa syllaba opus erat, in vulgus notum est *); quae productio nonnunquam in libris mss. duplicata littera indicatur. Itaque Graecus poeta scribere potuit Ἀλγκτὼ vel Ἀλλητκτώ, quam licentiam ne a Romano quidem poeta alienam fuisse manifesto exemplo planum faciam. Chiron, cuius matri Philyrae nomen fuit, ab Ovidio Met. II 676, Fast. V 391 P h i l y r e ï u s heros prima syllaba correpta nominatur: attamen ab eodem matris nomine Ovidius aliis locis alterum nomen derivavit, ut Fast. V 383, A. A. I 11, P h i l l y r i d e m dico, prima syllaba producta. Quodsi poeta in eodem carmine intra novem versuum spatium ea licentia usus est, in A l e c t o n i s quoque nomine admittendum esse videtur **).

Quae si recte disputavimus, non est, cur nobiscum locum corrigere dubites.

# II.

Supra p. 5 nostram Heroidem CCXXII versus amplecti monuimus; nunc ad illud distichon, quo numerus versuum in omnibus fere editionibus obvius augetur, revertimur. Versum 32 in solo Harleiano codice haec duo disticha excipiunt:

---

*) Cf. Hom Il. v. 1: Ἀχιλῆος cum v. 7: Ἀχιλλευς: alia exempla suppeditabit La Roche in Iliad. tertium ed. prooem. p. XXVI. Verbum ἀπολήγειν tum per unam (Il. VI 149), tum per geminatam l litteram (Od. XII 224) scriptum reperitur. Sane in Alectus nomine molossus bacchio longe frequentior est, cum ita ipso nominis numero gravitas quaedam apte describatur; in adiectivo quoque ἄληκτος in hexametro rarissime primam syllabam non produci docet Thesaur. s. v., ubi hoc epigramma (Anth. gr. App. 136) allatum est:
Ὤιχετο δ' ἐν νεκύεσσι, λιπὼν πατρὶ πένθος ἄληκτον.
**) Ceterum fluctuatio id genus saepius occurrit; ita apud Horatium (Carm. III, 4, 9) vox A p u l o creticum efficit, proximo autem versu A p u l i a e iambicam dipodiam (nisi mendum subest). De illis decantatis: relligio, relliquiae, cet. non est quod moneam; v. Christ. Metrik. (ed. 2) p. 25.

*33a*  Nec me despicias, si sim tibi corpore parva
*34a*      Mensuramque brevis nominis ipsa fero.
*33*   Sum brevis, at nomen quod terras impleat omnes
*34*      Est mihi: mensuram nominis ipsa fero.

Ceteri autem libri mss. omittunt aut prius, aut quod in longe plurimis factum est, posterius distichon \*); utrumque retinendum esse demonstrabat Baehrens \*\*), cuius tamen ratiocinatio neque Sedlmayero, qui a. 1886 Heroides accuratissimo apparatu critico instructas Vindobonae edidit, neque Ehwaldio \*\*\*) satisfecit; Vries denique quamquam in universum Baehrensii sententiam amplexus est, tamen pentametrum prioris distichi 'foede corruptum esse' statuit, quippe qui cum proximis non concordet, totamque rem tam misere perturbatam esse lamentatur, ut de restituendo loco desperandum sit \*\*\*\*).

Mihi quoque utrumque distichon Ovidio vindicari posse videtur, modo sententiarum nexus accuratius perpendatur. Ovidius enim vv. 34a, 33, 34 Σαπφοῦς nomine lepidissime ludit, quem lusum haud scio an nemo omnibus numeris cogitatione assecutus sit. Mihi enim sententia hoc modo procedere videtur: Sappho Phaonem orat, ne ipsam propter humilem staturam contemnat (v. 33 a); notio autem humilis staturae proximo v. pentametro comparatione addita repetitur, ubi, ut Baehrens recte vidit, poetria exiguam corporis sui mensuram cum brevi suo nomine componit, quod e duabus tantum syllabis constat. In quo nihil inest

---

\*) En tibi Vriesii de hoc loco testimonium (l. l. p. 23 coll. p. 50 sq.): «Vss. 33a—34. duo haec disticha exhibet unus H. vss. 33a—34a omittit f (et vss. 33—34 statim post 32 sunt in codd. exc. Paris. 7647 et 17903). Omnes ll. praeter H et f habent 33a—34a, omittunt 33—34».

\*\*) V. Rivista di Filologia anno XIII fasc. I° (1884) p. 16.

\*\*\*) V. Bursian's Jahresbericht T. XLIII p. 218 coll. novissima ed. Teubneriana.

\*\*\*\*) Cf. l. l. p. 51: «Quomodo autem v. 34a a poeta fuerit scriptus, nulla unquam conjectura quisquam assequetur».

'nimis insulsi et inficeti poetaeque ingenio prorsus indigni'
(Vriesii sunt verba), si poetria breve nomen pusillae suae
staturae respondere contendit: tantum enim abest, ut Ovidius
a u s t e r o ingenio fuerit, ut ludibundas sententias eum in
deliciis habuisse constet *). Porro tertio versu ineunte verbis
„sum brevis" poetria concedit quidem se illo vitio affectam
esse (quae concessio s a n e praefixo planius exprimi possit);
in iis vero, quae sequuntur, illi vitio poetriae fama opponitur,
qua illud naturae damnum quodammodo compensatur: „Sane",
inquit, „sum brevis, at c l a r a". Cum autem Σαπφοῦς nomen, quod ab adiectivo σαφης derivatum esse alio loco (p. 77)
ostendimus, in linguam latinam conversum C l a r a m significet,
poetria ab eiusdem nominis latina significatione exorsa tale
nomen sibi esse ait, quod totum mundum implere possit **);
verbis denique, quae alterum distichon claudunt, Sappho testatur a se revera id possideri, quod nomine sibi indito expri-
matur, h. e. claritatem. Ita nodus quamvis implicatus mihi
solvendus esse videtur ***). Quod autem colon „mensuram

---

*) Hanc quaestionem tractavit Mercurino Sappa in Rivista di Fil. XI
(1883) p. 347 sqq.; v. Bursian. l. l. p. 149 sqq.

**) Cf. v. 28: Iam canitur toto nomen in orbe meum.

***) Non me fugit mihi difficilem locum ita explicanti obici posse
Σαπφοῦς vocem significare quidem Claram, in g r a e c o autem adiectivo σαφης
non inesse eam vim atque significationem, quam latini homines suo adiectivo
tribuerint. In qua re Ovidium errasse sumendum est: Romanis enim nonnunquam accidisse, ut graeca verba perverse interpretarentur, multa exempla
docent; ita illud Homericum (Il. I 470) κρητῆρας ἐπεστέψαντο ποτοῖο
a Vergilio ita expressum est (Aen. I 724): creteras magnos statuunt et vina
c o r o n a n t.—Sane concedendum est ad eiusmodi lusum melius quadraturum
fuisse Κυθροῦς nomen, quod supra restituimus. Ceterum tales lusus, ubi 'nomen omen' est, apud antiquos saepissime reperiuntur, ut apud Homerum (Od.
XVII 292, 308, 315 de Argo cane), apud Euripidem (Phoen. 1495 de Polynice),
apud epigrammatum auctores, ut in illo Simonideo propter σὰν κίβδαλον
memorabili epigrammate (fr. 168 apud Bergkium):

Σῶσος καὶ Σωσώ, σῶτερ, σοὶ τόνδ' ἀνέθηκαν,
Σᾶσος μὲν σωθείς, Σωσὼ δ' ὅτι Σῶσος ἐσώθη.

nominis ipsa fero" uno hexametro intermisso repetitur, in eo
non est offendendum, quoniam tàntum v e r b a sunt utroque
loco eadem, sensus autem immutatur, cum mensurae vocabulum priore loco proprie positum M a a s s significet, posteriore
autem translate usurpatum per verbum B e d e u t u n g con-
verti possit; utramque autem significationem vimque in ea
voce inesse lexica satis superque docent. Itaque si lectio codicis Harleiani commode explicari potest, quod nos fecisse
nobis videmur, non est, quod in illo codice genuina Nasonis
verba servata esse infitias eamus. Quod autem omnes fere
libri mss. posterius, non prius distichon omittunt, cum Baehrensio ita explicandum esse mihi videtur: librarii oculi, novissima v. 34a verba n o m i n i s i p s a f e r o exarantis ad
eadem verba v. 34 repetita aberraverunt, unde factum est, ut
in eo libro, ex quo vulgata fluxit, posterius distichon prorsus
omissum sit. Itaque hoc casu accidisse concedendum est; in
cod. autem Francofurtano excerptisque Parisinis prius disti-

---

Quibus Philodemi quoque iocantis epigramma addi potest, quo nominis sibi
inditi haud insulsam explicationem affert (Anthol. Pal. V, 115):

Αὐταί που Μοῖραί με κατωνόμασαν Φ ι λ ό δ η μ ο ν,
ὡς αἰεὶ Δ η μ ο ῦ ς θερμὸς ἔχει με π ό θ ο ς.

Ovidius, cuius elegiam epigrammatico lusu plenam esse iam Birt recte observavit (v. Rhein. Mus. N. F. T. XXXII p. 428), et epigrammatis legendis et in
rhetorum scholis ita ludere addidicisse potuit. Iam Aristoteles (Rhet. II 23)
multa eius generis exempla afferens talem ratiocinandi locum a nomine ductum τόπον ἀπὸ τοῦ ὀνόματος appellat. Quintiliauus quoque Instit. or. IX
3, 69 sq. traductionis exempla docens haec habet: «Aliter quoque, inquit,
v o c e s e a e d e m d i v e r s a in s i g n i f i c a t i o n e ponuntur; quod etiam
in i o c i s f r i g i d u m equidem tradi inter praecepta miror eorumque éxempla
vitandi potius quam imitandi gratia pono». Ex exemplis vero, quae ibid. sequuntur, ad nostram rem novissimum facit: «Et apud O v i d i u m l u d e n t e m:
Cur ego non dicam, F u r i a, te f u r i a m?»
Alia Ovidiana exempla Vries l. l. collegit, e quibus imprimis ex Ponto I 2, 1
cum hoc epistulae loco conferri potest:
M a x i m e, qui tanti mensuram nominis imples.
Ut igitur poeta alias lusit, ita hoc loco ad eandem rem S a p p h u s nomine
usus est.

chon non casu, sed de industria omissum esse videtur: cum enim scriba Nasonis nitidum lusum non comprehenderet, prius distichon dittographiam quandam esse arbitratus missum fecit.

Haec fere sunt, quibus additis Baehrensii sententia sustentari posse mihi videatur.

# III.

Iam ad singula quaedam epistulae verba convertamur videamusque, num homines docti iure in iis offenderint. Huc referuntur primum duo graeca verba, chelys v. 181 et barbitos v. 8, quae lyram valent *); utrumque Birtio inter alia in causa fuit, quare hanc epistulam spuriam et a versificatore quodam aetatis Neroneae confectam esse contenderet **). Attamen si demonstrari potest utrumque vocabulum in S a p p h u s   c a r m i n i b u s  exstitisse, illa suspicio ad nihilum recidat necesse est. Et revera, apud poetriam et χέλυννα (v. fr. 169, corr. Bergk.) legebatur et ipsum χέλυς nunc quoque legimus fr. 45:

$$\text{Ἄγε δὴ χέλυ δῖά μοι}$$
$$\text{φωνάεσσα γένοιο.}$$

Alterius quoque vocabuli usum a Sapphone haud alienum fuisse fr. 154 ex Athenaeo (IV 182 F) sumptum docet, ubi legimus:

$$\text{Τὸν γὸρ βάρωμον καὶ βάρβιτον, ὧν Σαπφὼ}$$
$$\text{καὶ Ἀνακρέων μνημονεύουσι..· ἀρχαῖα εἶναι.}$$

Itaque haec quoque duo vocabula ex illo fonte, ut multa alia,

---

*) Cf. Bekk. Anecdot. p. 1431: χέλυς χέλυος· σημαίνει δὲ τὴν κιθάραν. De utraque voce v. quae diximus supra p. 31 sq.

**) Cf. l. l. p. 388 ann. 2: «Chelyn—inquit—poeta Romanus nullus adplicavit ante Senecam.. Silium.. Panegyricum in Pisonem; frequenter Statius». Porro ibid.: «Barbitos aliena ab Ovidio poetisque his omnibus praeter meṛe Horati (recurrit apud Claudianos)».

in Ovidii epistulam fluxerunt *). Quae si tenemus, omnibus ceteris, quae Vries l. l. p. 142 sq. ad excusandum utrumque vocabulum attulit, supersederi posse opinor.

Eidem Birtio l. l. epitheton a e q u o r e a e offensioni fuit **), pro quo Baehrens l. l. p. 18 a e q u a l e s, Vries autem l. l. pp. 108, 144 a e q u a e v a e coniecerunt, cum lectionem corruptam esse persuasum haberent. Attamen hic quoque tradita scriptura defendi potest: cur enim primum non concedamus poetae, ut eo quod proprie de ipsa insula dici potest, ad incolas eius translato insulanas a e q u o r e a s καταχρηστικῶς dicat? Quocum graecum ἀμφίαλος conferri potest, quod proprie de insulis dicitur, ut de Ithaca apud Homerum, de Lemno apud Sophoclem (Phil. v. 1464); attamen nihilominus apud Homerum (Od. VIII 114) Ἀμφίαλος est nomen proprium uni e Phaeacibus inditum, qui Scheriam insulam incolebant. Porro ab Aeschylo Pers. v. 558 classici θαλάσσιοι, a Sophocle (Ai. v. 880) piscatores ἁλιάδαι nominati sunt. Pindaro quoque Isthm. I, 8 Cei insulani sunt aequorei viri ***). Eodem modo, ut iam vidimus, Ovidius ipse Britannos appellavit aequoreos. Quam licentiam hic quoque poetae concedere licebit, imprimis si eius animo graecum aliquod vocabulum (e. g. ἁλιάδες) obversatum esse ponamus. Quod autem illud adiectivum minus apte hic positum esse idem

---

*) Non enim probanda est Burmanni sententia, qui Ovidium v. 8 Eurip. Alcest. v. 345 imitando expressisse putabat, cf. J. Chr. Wolfii Sapphus poetriae Lesbiae fragg. et elogg. p. 183.

**) «Puellis—inquit—Lesbiacis in v. 199 i n e p t e adponitur adiectivum «aequoreae», quasi ibi referret eas esse insulanas; p l a n e i n s o l i t a m hanc adiectivi notionem addidicit poeta ex Ovidi Met. XV 753 (aequoreos Britannos), ubi positum est aptissime».

***) Verba Pindari sunt:

Φοῖβον χορεύων
ἐν Κέῳ ἀμφιρύτᾳ σὺν π ο ν τ ί ο ι ς
ἀνδράσιν.

statuit, id potius ex epithetorum constantium quae dicuntur
usu explicandum esse videtur: quotiens enim e. g. Achilles
apud Homerum πόδας ὠκύς dicitur, ubi eum hac in re
excellere minime refert? quotiens Aeneas apud Vergilium pius,
ubi minime opus est pietate? *) Itaque mea quidem sententia
ad explicandum quam ad resarciendum locum confugere satius erit.

V. 100 verba „Lesbi puella", quibus Phaon Lesbum relin-
quens poetriam alloqui debebat, Mure l. l. p. 592 documento
esse putat Sapphonem neque cum quoquam coniugio iunctam,
neque viduam, sed caelibem fuisse**). Quocum minime faci-
emus neque vocis puellae vim urgebimus, quae hoc loco non
ad a e t a t e m, sed tantum ad s e x u m designandum adhibita sensu latiore f e m i n a m significat. Simili modo Ovidius
Epist. I, 3 eodem verbo usus est:

Troia iacet certe, Danais invisa p u e l l i s.

Non enim virgines Graecae Troiam detestantur propter eorum, quibus nubant, inopiam, sed potius u x o r e s Graecorum contra Troiam profectorum, ut ipsa Penelopa, quam
poeta illam epistulam scribentem facit. Neque aliter Laodamia,
Protesilai uxor, hoc verbo usa est Epist. XIII, v. 105:

Nox grata puellis***).

Quid? Horatius quoque ipsam Sapphonem Carm. IV, 9, 12
„A e o l i a m p u e l l a m" nominavit:

---

*) Simili modo Heroid. XIV 23 Pelasgo nulla certa ratione addita
m a g n i epitheton additum est. Birt ipse l.l. p. 424 i m b e l l e m eum vocat
ibidemque p. 416 illud adiectivum n o n s i n e c e r t o g r a e c o e x e m p l o
ab Ovidio appositum esse statuit. Qui si sibi constare voluisset neque ad aliam
amussim Ovidium, ad aliam hunc quem dicit Neroneum poetam recensuisset,
hic quoque eadem explicatione uti debebat.

**) Who—inquit — can believe that Ovid... would have made Phaon
adress a middle aged widow by the title of «Lesbi puella»?

***) Alia Ovidiana exempla v. apud Vries. l. l. p. 78.

Vivuntque commissi calores
Aeoliae fidibus puellae.

Itaque hoc quoque loco Lesbi puella tantum idem significat atque Graecum Λ ε σ β ί ς, ut Sappho et in epigrammatis et in nummis saepissime appellata est, neque quidquam de poetriae matrimonio inde concludi potest.

# IV.

V. 7 in definienda carminis elegiaci notione in plurimis membranis unius syllabae lacuna exstat; ita enim legimus:

elegi † flebile carmen.

Quae lacuna in duobus libris addita redundante aliqua vocula, ut q u e, q u o q u e, perverse suppleta est. Recentiorum autem plerique cod. Maffei scripturam E l e g e i a receperunt*); cum vero Elegiae vox aliis locis apud Ovidium non elegiacum carmen, (quod e l e g i valent), sed fictam quandam elegiacae poesis deam significet, Baehrens l. l. p. 7 vulgata illa lectione spreta post primum verbum s u n t excidisse suspicatus ita lacunam supplevit:

elegi s u n t flebile carmen.

Quae coniectura optime sese habet: nam additum a Baehrensio verbum in codice archetypo per compendium f litterae simile fortasse scriptum erat propterque proximam f litteram, a qua f l e b i l e vocabulum exorditur, a librario facillime omitti potuit **): Porro autem fieri potuit, ut alius librarius archetypi

---

*) V. Vries l. l. pp. 21, 39 vel Sedlmayer l. l. ad h. v.
**) Blassio teste (v. J. Mülleri Handbuch d. klass. Altertumswissenschaft T. I tab. VI) verbi s u n t haec compendia scripturae exstant: ſ s̄, ſ̄ τ̄. Quae conf. cum f litterae variis scribendi modis ibid. tabb. IV et V.

compendio perperam intellecto pro s u n t reposuerit q u e vel
q u o q u e, ut legitur in codd. Hamburgensi (h) et Francofurtano (f) *). Totum autem hoc colon describit elegiacae poesis
vim, non antiquiorum quidem Graecorum, sed Alexandrinorum,
quorum definitio cum hoc loco apte conferri potest **).

Baehrensii simplicissima correctio non satisfecit Vriesio,
qui l. l. p. 40 e l e g o s iam in priore colo eius versus desi-
derans hoc modo versum corrigi iubet:

Flendus amor meus est e l e g i s: h o c flebile carmen.
Putat enim illos elegos priori colo addendos esse, quoniam
per se intellegatur poetriae suum amorem deplorandum esse;
quaeri autem, quo modo id fieri debeat, h. e. quod poesis
genus ad eam rem adhibendum sit. Quod tamen minus verum
est: priore enim loco summa vis posita est in ´primo verbo
f l e n d u s; minime autem contendi potest per se quemque
intellegere Sapphoni amorem deflendum esse; hoc patet ex iis,
quae infra sequuntur, non vero iam ex initio epistulae. Tota
autem sententia hoc modo procedit: Quaerenti Phaoni, cur
Sappho non lyrico, (quo solebat), sed elegiaco metro in con-
dendo carmine utatur, poetria respondet sibi tum flendum
esse, quapropter se adhibere elegiacum, quod flendo conveni-
at, non autem melicum metrum***) Quibus ita explicatis Baeh-
rensianam coniecturam Vriesianae praeponendam esse censeo.

---

*) Voculae q u e scribendae compendia v. apud Blass. l. l. tab. VI.

**) Cf. Procli chrestom. (in Westphal. Scriptt. metr. I p. 242: τὸ γὰρ
θρῆνος ἔλεγον ἐκάλουν οἱ παλαιοί . .—Suid. s. v. ἔλεγος· θρῆ-
ν ο ς.—Eustath. Il. 1372: ἔλεγοι ὅ ἐστι θρῆνοι. V. Flach. Geschichte
d. griech. Lyrik p. 175 sq.

***) Ehwald l. l. p. 219 et in ed. Teubn. cum aliis e l e g i verbo producendo ita,
ut pro perfecto tempore verbi eligendi accipiendum sit, lacunam explendam
esse pertinaciter contendit: attamen et ipsum verbum illa Procrustea medela

# V.

Initio huius libelli expositum est, quot quantaeque auctoritatis homines docti Sapphus epistulam summo cum taedio aspernati sint ac respuerint; nunc ad eam rem revertimur. Duae autem praecipue res sunt, quae hominum doctorum stomachos contra epistulae auctorem moveant, primum quod rustice obscene inverecundeque de coitu verba faciat, tum quod poetriam calumnietur. Iam igitur quid de utroque sentiamus, sub finem breviter expediamus.

Quod ad prius attinet, sane non in animo est nobis Romanum poetam defendere, at saltem excusare. Quis enim est qui nesciat, quanta cum libertate veteres scriptores in rebus Venereis narrandis versati sint? Si contuleris e. g. vv. 142—150 huius epistulae cum Propertii V, 7, 19 sq., vel descriptionem eorum, quae Sappho a Phaone relicta per somnum videt, imprimis v. 133 sq., cum iis, quae Horatius Satir. I, 5, 82—85 de se ipso a perfida ancilla decepto narrat, facere non poteris, quin Ovidianas descriptiones earundem rerum verecundiores esse mihi concedas. Attamen Teuffel utrumque epistulae locum damnavit*). Multo sanior Welckeri sententia mihi esse videtur, qui ex his similibusque Ovidianis locis epistulam genuinam esse concludebat**). Itaque si eadem aestimatione omnes illos locos metiemur, omnes damnandi respuendique erunt***).

---

effectum nimis languet (ich habe gewählt), et elegiaci carminis nomen, in quo hoc loco cardo vertitur quodque opposita vox barbitos (h. e. melicum carmen) satis superque tuetur, ita deleretur. Quamobrem vix quemquam Ehwaldio astipulaturum esse crediderim.

*) Cf. eius Geschichte der röm. Literatur ed. tert. p. 528 in.

**) Vv. 46 sqq. 133 sq. vocantur a Welckero «ächt Ovidisch», v. Kleine Schriften P. II p. 120.

***) Ceterum quod ad Ovidium attinet, non praetermittendum esse puto hoc loco Ehwaldii sententiae mentionem facere, quam in Kaibeliani libri censura l. l. p. 174 his verbis expressit: «Die Anführungen Kaibels ... geben

Iam alterum videamus. Homines docti, qui poetriam Lesbio crimini obnoxiam fuisse credebant, duobus huius Heroidis locis tamquam firmissimo argumento ad opinionem suam sustentandam utebantur. Ita ante Welckerum fere omnes excepto quidem Heinsio, qui iam ante hos centum annos Ovidium incusans poetriae ut poterat patrocinatus est\*); ita post Welckeri Sapphus apologiam Mure\*\*). Attamen ex iis ipsis epistulae locis, qui huc referri possint, recte intellectis atque explicatis poetriam in hac saltem epistula non solum a Romano poeta non aspersam esse infamia, sed innocentiam eius aperte indicatam esse concludi potest. Quod cum iam ante hos tres annos a Vriesio l. l. pp. 44 sq., 109 egregie enodatum esset, non erat repetendum, nisi nuper Ehwald l. l. p. 222 illa Vriesiana explicatione posthabita lectiones a Baehrensio probatas amplexus esset. Poetae vero sententia tum optime perspici poterit, si a g r a e c i s v e r b i s S a p p h u s v i t a e ab Alexandrino quodam homine litterato concinnatae ordiemur, qua et Ovidium et Suidam usos esse supra vidimus. Suidas enim s. v. Σαπφώ tribus e poetriae amicarum numero nominatis haec addit: πρὸς ἃς καὶ δ ι α β ο λ ὴ ν ἔ σ χ ε αἰσχρᾶς φιλίας. Verba autem διαβολὴν ἔσχε nihil aliud

---

einen neuen Nachweis, ... dass die geschilderten Situationen—(de Amoribus loquitur)—und gerade die dem Dichter am meisten zum Vorwurf gemachten zumeist—nichts weiter als litterarische an vorhandene Vorbilder sich anschliessende und von Anderen behandelte Motive ausführende Fictionen sind, dass also die Versicherung Ovids: vita verecunda est, Musa iocosa mea (Trist. II 354) durch diese Gedichte wenigstens nicht widerlegt wird».—Ita idem Kaibel Amor. I, 5, 10 sqq. ex Philodemo (Anthol. Pal. V 132) imitando expressa esse docuit.—Quibus ea quoque addi possunt, quae poeta de concumbendi variis modis A. A. III 771 sqq. (coll. ibid. II 679 sq.) docet, quae ex P h i l a e n i d i s illo famoso libro, qui περὶ σχημάτων συνουσιαστικῶν inscribebatur, Ovidium mutuatum esse probabiliter mecum conicere poteris. De quo libro cf. Welcker. l. l. p. 87 ann. coll. Bergk. ad Aeschrionis iambogr. frag. 8.

\*) V. Welcker. l. l. p. 143.
\*\*) V. Rhein. Mus. N. F. XII (a. 1857) pp. 587 adn. 12, 589.

significant nisi hoc: calumniabantur eam, falsum crimen ei intendebant. Eandem sententiam inesse in duobus Ovidianis locis, qui huc spectant, iam ostendam. Quorum prior v. 19 exstat, ubi Sappho de sua cum puellis consuetudine haec dicit:

Quas n o n  s i n e  c r i m i n e amavi*).

Cum igitur interpretes sub criminis voce c u l p a m intellegerent, poetria ab Ovidio iis infamata esse videbatur, imprimis cum „non sine crimine" per litoten dictum m a x i m a  c u m c u l p a significaret. Quod propterea quoque offenderet, ut Welcker. l. l. p. 119 recte observavit, quod Sappho, quae per totam epistulam de suo erga unum Phaonem amore loqueretur, male rem suam ageret, si tam aperte libereque nefarium crimen confiteretur, quod confessa Phaonem minime ad se allexisset. Quamobrem plerique homines docti, qui hanc epistulam tractabant, illam alteram codicum lectionem, in quibus n o n  i n  h i c (sc. in Lesbo insula) mutatum legitur, praetulerunt, quo factum est, ut Sappho hoc versu famam suam contra calumniatores defenderet. Nihilominus tamen eam lectionem, quae optimo libro nititur, retinere licet, si c r i m i n i s vocem hoc loco non pro c u l p a, sed pro c u l p a n d i c a u s a acceperis, quam notionem in ea voce inesse non est, cur exemplis allatis confirmem. Itaque Sappho illo colo haec vult dicere: quarum amor causa fuit sceleris mihi obiecti. Si vero illa verba n o n  s i n e  c r i m i n e in Graecam linguam ita converteris ut idem significent atque ο ὐ κ ἀ δ ι α β λ ή τ ω ς, non erit, cur et de eodem fonte et de eadem vi ac significatione cum latinorum tum graecorum verborum dubites.

---

*) Vriesio teste n o n exstat tantum in codd. Francofurtano (f) et Hamburgensi (h); defendit post Naugerium (v. J. Chr. Wolf. l. l. p. 186) Vries l. l. p. 44 sq.; h i c (pro n o n) habent reliqui ll. mss., quod post alios Baehrens l. l. p. 19 tuetur, quocum facit Ehwald l. l. p. 222; Burmannus (v. J. Chr. Wolf. l. l.) n e c reposuit, fortasse, ut Vries coniecit, rationem palaeographicam secutus; quae lectio Bentleio quoque arrisit.

Alterum locum v. 201 habes, ubi haec leguntur:

Lesbides, infamem quae me fecistis a m a t a e *).

Quodsi horum quoque verborum significationem ita interpretaberis: „quarum amor causa vel fons meae infamiae fuit“, nihil ex eo versu concludes, nisi Ovidii aetate illum quidem de Sapphone rumorem divulgatum fuisse, famam autem eius a Romano poeta hoc quidem loco minime esse pollutam**). Si denique hunc quoque versum cum graecis comparaverimus, facere non poterimus, quin in latinis non solum eandem sententiam, sed etiam ipsa graeci exemplaris verba expressa esse statuamus: quid est enim aliud i n f a m i s  f a c t a  s u m  nisi διαβολὴν ἔσχον? ***)

Itaque hoc modo utroque loco explicato non erit, cur in Ovidium invehamur vel etiam Heroidem damnemus. Sane concedendum est non omnia in ea esse ad unguem perpolita multaque dici potuisse decentius atque brevius****): quae cuncta

---

*) Lectio a m a t a e in solo cod. Francofurtano (f) servata est; pro ea omnes reliqui libri mss. habent corruptum verbum a m a r e, ex quo Baehrens l. l. 19 applaudente Ehwaldio (l. l. p. 222 et in ed. Teubn.) a m o r e refinxit.

**) Sane aliis locis Ovidius aliter sentit; ita A. A. III 331:

Nota sit et Sappho,—quid enim lascivius illa?

Porro Trist. II 365:

Lesbia quid docuit Sappho, nisi amare puellas?

ubi recentiores virgula post a m a r e posita (vide ed. Merkelii) locum castrabant

***) Origo illius de Sapphus cum amicis nefaria consuetudine optime explicatur καϑ᾽ ὁμωνυμίαν: cum enim Sappho amicas suas ἑ τ α ί ϱ α ς in carminibus ardoris plenis appellasset (cf. fragg. 11, 83), ἑταῖϱα autem apud posteriores m e r e t r i c e m significaret (cf. Athen. XIII, 751 D), homines Graeci genuinam eius verbi vim non intellegentes sive de industria perverse interpretati illam fabulam finxerunt. Quam famam postea divulgatissimam fuisse Senecae verba (Epist. 88) testantur, qui Didymum illum Chalcenterum doctam disquisitionem scripsisse narrat, cuius titulus erat: An Sappho publica fuerit?

****) De amplificandi studio Ovidii cf. Senecae Controv. II, 9, 28 iudicium iam a Teuffelio l. l. p. 521 allatum: «Ovidius nescit quod bene cessit relin_ quere». Idem rhetor ibid. II, 10, 12 testatur Ovidium nonnunquam de industria corrigenda non correxisse, cum interdum decentiorem faciem esse contenderet, in qua aliquis naevus remaneret. Quod homines docti Ovidiana corrigentes non semper ita ut par est respiciunt.

potius Ovidii rhetoricis studiis et iuvenili aetate, ad quam
haec quoque epistula referenda esse videtur, excusanda sunt,
quam ut propterea Heroidem spuriam esse statuamus.

Haec erant, quae nobis addenda esse videbantur. In quibus
inter nos ceterosque, qui huic epistulae operam navabant, id
discriminis intercedit, quod nos praecipue Graeca lingua
adiutrice adhibita Ovidii Graecorum discipuli verba
corrupta aut falso intellecta restituebamus vel explicabamus.
In quo si quid prae ceteris vidimus, quod veri similitudine
non omnino destitutum esse videatur, novum documentum
dedimus eius, quam perverse agant, qui Romanas litteras trac-
tantes Graecos, a quibus latini homines fere in omnibus pen-
dent, non asciscendos esse arbitrantur.

# Index locorum,

### qui in hac commentatione emendantur vel explicantur

CPSIA information can be obtained at www.ICGtesting.com
Printed in the USA
BVOW09s1443080916

461532BV00003B/3/P